Enio Squeff
José Miguel Wisnik

MÚSICA

"Este trabalho foi realizado sob a coordenação do Núcleo de Estudos e Pesquisas com o apoio do Pro-Memus/Instituto Nacional de Música da FUNARTE. Ele é parte de um estudo nas áreas de Filosofia, Cinema, Teatro, Artes Plásticas, Música, Literatura, Televisão e Rádio".

editora brasiliense

Copyright © by Enio Squeff / José Miguel Wisnik
Nenhuma parte desta publicação pode ser gravada,
armazenada em sistemas eletrônicos, fotocopiada,
reproduzida por meios mecânicos ou outros quaisquer
sem autorização prévia da editora.

Primeira edição, 1982
2ª edição, 1983
3ª reimpressão, 2022

Revisão: *Heliomar Andrade Ferreira*
Capa: *Ademar Assaoka*
Diagramação: *Formato Editoração*

**Dados Internacionais de catalogação na Publicação(CIP)
(Câmara Brasileira do Livro, SP, Brasil)**

Música – São Paulo : Brasiliense. 2022.
   (O nacional e o popular na cultura brasileira)

   3ª reimpr. da 2ª ed. de 1983.
   Conteúdo: Reflexões sobre um mesmo tema / Enio Squeff – Getúlio da Paixão Cearense / José Miguel Wisnik.

   Bibliografia
   ISBN 978-85-11-08026-1

   1. Música – História – Brasil 2. Nacionalismo na música. I. Squeff, Enio, 1943 – . Reflexões sobre um mesmo tema. II. Wisnik, José Miguel, 1948 – . Getúlio da Paixão Cearense. III. Título: Reflexões sobre um mesmo tema. IV. Título: Getúlio da Paixão Cearense. V. Série.

04-1349   CDD-780.981

Índices para catálogo sistemático:
1. Brasil: Música 780.981

editora brasiliense
Rua Antonio de Barros, 1586
CEP 03401-000 – Tatuapé – SP
www.editorabrasiliense.com.br

O NACIONAL E O POPULAR
NA CULTURA BRASILEIRA

O Nacional e o Popular na Cultura Brasileira

Seminários – *Marilena Chauí*
Artes Plásticas e Literatura – *Carlos Zilio, João Luiz Lafetá e Lígia Chiappini Moraes Leite*
Música – *Enio Squeff e José Miguel Wisnik*
Cinema – *Jean-Claude Bernardet e Maria Rita Galvão*
Televisão – *Ricardo Miranda e Carlos Alberto Pereira*
Teatro – *José Arrabal e Mariângela Alves Lima*

SUMÁRIO

Apresentação: *Adauto Novaes* 9

REFLEXÕES SOBRE UM MESMO TEMA 13
   História da música brasileira: isso existe? 14
   Introdução 19
   As rupturas 32
   No ritmo brasileiro 43
   O interregno 65
   Crítica à razão pura 78
   O fator popular 88
   A crítica e a autocrítica 101

GETÚLIO DA PAIXÃO CEARENSE (Villa-Lobos e o Estado Novo) 129
   Nacionalismo musical 131
   Os choros e o samba-clássico do caboclo-doido 153
   O orfeão do Estado Novo/esse coqueiro que dá coco 178
   Passei a noite procurando tu 191

Nacional e *popular* na *música brasileira – erudita* (segundo alguns) ou *de concerto* (na preferência de outros): este livro contém uma discussão de conjunto do problema, tratado em dois ensaios que devem ser lidos como ensaios independentes quanto a seus objetivos e a seus modos de abordagem, embora ligados pela mesma preocupação temática e contíguos na matéria histórica.

Enio Squeff
José Miguel Wisnik

APRESENTAÇÃO

Há uma tradição, que se pode observar na grande maioria dos projetos culturais e políticos de intelectuais ou de grupos de intelectuais, que considera o poder do Estado no Brasil como o poder histórico por excelência. Esta concepção vai determinar, de uma maneira muito acentuada, não apenas o lugar do intelectual, mas a própria visão que ele tem de si mesmo, da sua função e da sua relação com a sociedade: o Estado realiza a história; o homem só é histórico na medida em que participa do Estado ou de um projeto de Estado.

Presos nas teias das concepções *clássicas* de um Estado universal e homogêneo, os autores de tais projetos de cultura sonham com a criação de um indivíduo que seja ao mesmo tempo a síntese de particularidade cultural com universalidade de seu discurso. Delírio cheio de consequências quando se sabe que tais teses sempre ganharam, ao longo de nossa história, força de palavras de ordem: o Estado, poder transcendente, não é apenas o lugar da obediência e da coesão da sociedade; mais que isso: torna-se o único lugar possível de realização do indivíduo. É lá que se manifesta a individualidade humana porque é lá que se atribui ao particular uma realidade e um valor universalmente reconhecidos. Ainda que não consigam produzir o mundo na sua materialidade, estas concepções o produzem na sua significação, e, nesse sentido, elas estão muito próximas – ou mais precisamente, são expressões de uma teologia laicizada: o Estado, como o "Espírito Absoluto", é revelado pela Razão do discurso; o discurso racional passa a ser a verdade do Estado. Pouco importa que o sagrado, aqui, seja o povo ou nação. O que importa é que o Estado e o poder saem ganhando na sua "realidade substancial". Povo e nação tornam-se momentos objetivos ou símbolos de uma ideia.

Essa razão discursiva vai atribuir aos intelectuais um lugar muito particular na história da cultura brasileira: o de funcionários da razão, especialistas da razão. Este lugar só foi possível a partir da constituição de um pensamento que separa sujeito e objeto, consciência e coisas, representação e fatos, o saber e o fazer fragmentando ainda mais o espaço social e político. Nessa divisão, o intelectual que fala "pelo Estado, para o Estado e a partir do Estado" torna-se consciência da cultura, uma consciência que tem a posse da verdade do todo, esclarecedora e com pretensões de unir aquilo que a própria realidade política se encarrega de separar. É nessa esteira que surgem os projetos de Cultura Nacional Popular, investimento fantástico encarregado de construir a identidade cultural, a unidade social e ao mesmo tempo a ideia de legitimidade.

Como fazer uma pesquisa a partir de uma instituição do Estado, para falar do nacional-popular sem repor a relação de autoridade? Primeiro, não definir a cultura nacional-popular: tomar esse caminho levaria, certamente, a cair na armadilha do próprio conceito. Expressão de um "ideal" sem realidade objetiva que só existe empiricamente enquanto "sentido de discurso", o nacional-popular é essa unidade que destrói as diferenças culturais e impede a identificação do indivíduo à sua classe, raça e etnia. Quando determinado projeto reconhece a realidade cultural do outro é para transformá-lo, de imediato, em símbolo da cultura nacional; quando se fala do mundo cultural do outro para afirmar que ele nada diz de si mesmo, porque agora ele é nacional. As diferentes culturas perdem o próprio fundamento e passam a ser vistas (ou regidas) como expressões exteriores que são os textos, projetos, intenções e práticas de uma cultura nacional. Essa transfiguração no nacional – pensada dessa maneira – torna invisível não apenas o mecanismo da identidade – que dá a ilusão de que as diferenças foram mantidas no momento em que todos estão ou podem estar presentes no nacional-popular –, mas torna possível ainda a constituição de uma síntese da universidade política com a particularidade cultural – o nacionalismo. É nesse sentido que se deve entender a modernidade da cultura: o nacionalismo não deixa de fora o povo, que passa a participar da configuração do poder. Mais ainda – e esse é o grande triunfo da identidade cultural: transforma a multiplicidade dos desejos das diversas culturas – muitas vezes conscientes da sua individualidade e da sua história – num único desejo: o de participar do sentimento nacional. Operação diabólica e eficiente que faz com que o desejo recaia não sobre um objeto real – a própria cultura –, mas sobre um sentimento externo e abstrato. Assim, nos projetos de cultura nacional-popular, determinada cultura – a negra, por exemplo – perde a relação com o seu tempo e sua história; perde ao mesmo tempo o desejo de progresso consciente e voluntário; perde, enfim, o próprio ato de revelar-se a si mesmo e aos outros. Ganha-se, por outro lado, uma identidade cultural, construída de fragmentos de representações colados pela linguagem de interesse para produzir a "síntese" regulada e unificadora que torna cada vez mais imprópria a diferença, a distorção, o enigma e a revelação do novo. Apagam-se as diferenças culturais em favor da ficção de que todos somos iguais. Ampliam-se as zonas de sombra e silêncio sobre o que "deve" ser esquecido e sobre o que não deve: a música, a paisagem, o cheiro, a cozinha, os sonhos, tudo ganha seu lugar e sua forma na ordem racional do modelo. (Uma questão: até mesmo a transgressão ganha seu espaço? A crítica do nacional-popular a partir de uma instituição do Estado não seria parte dessa proposta?)

As pesquisas nos campos da Filosofia, Música, Literatura, Artes Plásticas, Teatro, Cinema e Televisão tomaram outro caminho e são tão diversas quantas são as áreas da cultura e a formação de cada autor. Mas todos partem de um solo comum: entender como tais conceitos foram sendo construídos na nossa história: nada propor, porque, de resto, seria contrapor um discurso a outro discurso: dessa maneira, estaríamos na mesma posição daqueles que se pretendia criticar, e contribuindo na incessante reposição da divisão dos que pensam e dos que fazem. Isso se deu não por obra da boa (ou má) consciência, mas por necessidade: o discurso da identidade cultural que nega a palavra àquele do qual se fala, da mesma forma nega a palavra a quem fala – entendendo por palavra o ato de revelar.

Assim, se os ensaios não fazem parte da construção do conceito de cultura nacional-popular; se também não fazem parte da história empírica que se limitaria a juntar mais alguns textos aos já existentes sobre o mesmo tema, qual seria então o lugar da pesquisa?

Ao situar a crítica a partir das intenções e práticas de determinados intelectuais em determinados momentos não muito distantes da história cultural brasileira, os pesquisadores estavam elegendo, como centro da discussão, a condição de ser intelectual num país de características tão peculiares como o nosso. Uma escolha ainda assim problemática: no lugar de pensar a cultura do outro, passar a limpo a própria história. Ao buscar um sentido para essa história, os pesquisadores estavam fazendo uma afirmação aparentemente banal mas muito importante no combate a certas tendências que insistem em circunscrever o político na política, o cultural na cultura, o governo nos governantes e o pensamento nos pensadores: estavam reconhecendo que todo homem que está no mundo pensa seu mundo. Os "não-intelectuais" expressam-se de formas diferenciais que, muitas vezes, escapam ao entendimento do intelectual. Mas pensam!

ADAUTO NOVAES
Coordenador da Pesquisa

Enio Squeff

REFLEXÕES SOBRE UM MESMO TEMA

HISTÓRIA DA MÚSICA BRASILEIRA: ISSO EXISTE?

Os debates sobre nacionalismo não são antigos, mas o tema é amplo; a própria palavra, por ser nova e por conter ambiguidades sem conta, comportaria uma biblioteca especializada. Há alguns anos os europeus fizeram um levantamento sobre os homens que mais teriam suscitado livros por sua obra e chegaram, entre alguns outros, a três nomes: Napoleão, Wagner e naturalmente Jesus Cristo. Entre este último e os outros dois não há comparação possível: Cristo define bem ou mal uma civilização; não há o que discutir sobre sua importância, se é que a palavra discussão possa sequer ser empregada no caso. Quanto aos outros dois, registre-se o fato incrível de que só viveram nestes últimos dois séculos e que mesmo assim alcançaram este privilégio de serem nomeados como importantes dentre outros, entre os quais certamente se incluem Cervantes, Shakespeare, Da Vinci e outros.

Até meados do século XX a bibliografia sobre Wagner, ou mais precisamente, uma "wagneriana" completa teria de possuir mais de 10 mil volumes; a propósito de Napoleão não tenho informes sobre o número de livros que teriam provocado sua vida e sua obra – mas quando Tarlé em seu magnífico trabalho sobre o general se esforça em descarnar a figura do "homem" sobre o qual Beethoven escreveria a sua *Eroica*, o que resta não é romance, ou o amante de Josefina. Tarlé consegue seu objetivo no sentido de colocar Napoleão na perspectiva correta de desbravador de um mundo que lhe estava aberto; o general, com todo o seu talento, confirma a reflexão de Marx, que diz não se colocarem problemas que as épocas não possam resolver.

De fato, otimismo à parte, Napoleão emerge do livro de Tarlé como um homem afeito aos problemas de sua época, assim como a época napoleônica não é uma extravagância devida ao Corso. A disputa pela hegemonia dos manufaturados franceses no continente europeu contra a Inglaterra condiciona as guerras napoleônicas. Isso se sabe. E Napoleão nada mais teria feito do que se moldar ao papel que a História lhe reservou. Mas a História não é a "velha" a que se referia Cyrano de Bergerac falando da morte, nem os homens só alcançam seu lugar ao sol se tiverem talento para tanto. E Tarlé obviamente concede ao homem: depois da análise dos tempos de Napoleão, é obrigado a curvar-se ao poder do homem – a magia e – por que não dizê-lo? – à genialidade.

No caso de Wagner, haveria de se falar nisso também. Condicioná-lo a seu tempo, ainda que mais difícil, deveria ser a tarefa de todos os estudiosos. Neste sentido, René Leibowitz parece defender uma teoria apreciável. Ao fazer a gênese da dodecafonia, ele conclui que o sistema de Schoenberg não existe como invenção de um homem, mas como um processo natural que passa por Wagner e Liszt, dentre muitos. Wagner seria um agente histórico. Como no caso de Napoleão, portanto, Wagner seria a confluência de vários fatores. Em ambos, contudo, e isso é realmente o que importa, o problema do nacional e do nacionalismo está presente de forma determinante. *Mutatis mutandis*, numa biblioteca sobre o nacionalismo, aos milhões de volumes a que certamente se chegaria, dever-se-iam juntar tanto Napoleão, sobre o qual se escreveu muito, quanto Wagner, com os 10 mil livros que se referem a seu trabalho e a sua figura; em ambos, o problema do nacionalismo é um componente fundamental; em ambos a discussão do tema teria de condicionar suas respectivas posições.

Como se vê, a questão é ampla também quantitativamente e, no fundo, rigorosamente pertinente. Napoleão foi um guerreiro, mas foi político consoante o aforismo de que a guerra é a continuação da política; já Wagner foi um pensador, inclusive, e quando se sabe que à parte sua obra musical, escreveu o suficiente para preencher coisa de 18 volumes – pode-se não se acrescentar muito. Mas é indubitável que se alcançam algumas conclusões. A música de caráter nacional, com tudo o que isso possa condicionar, é apenas uma delas. A outra é a de que a arte ou, no caso, a música, é talvez o desdobramento sensível mais importante de todos os períodos históricos.

Não é possível detectar aspectos de determinadas épocas no nível do seu "sentir", se não pela arte e mais precisamente pela música. Não há vestígio histórico mais envolvente – ainda que não raras vezes mais imperceptível enquanto conceitualidade – do que a música de determinados períodos. O "sentir" como forma de perscrutar a história e o pensamento é uma questão controvertida, não se pode negar. O "sentir" na música não nos chega senão nos arquétipos que fazemos de determinadas épocas; mas não há dúvida de que a racionalidade algo estoica do período rococó é flagrante na música de Mozart; e que a ideia de conflito na "sonata forma" é uma codificação ao nível desta história que nossa memória retém, principalmente quando se ouve a música romântica. Beethoven percebeu isso ao afirmar a que música dizia mais que a filosofia. É certo que ela não diz mais, e é certo que Beethoven tenha talvez confundido as coisas e os termos de uma dialética que sua música mais que outras, de outros tempos, expressava; mas é certo também que o *pathos* de uma época está mais na música do que em outras manifestações artísticas. A temporalidade da música faz dela um universo de sentir que só em última análise atinge a racionalidade na placidez de seu olhar imóvel. O sentir é tempo – não é espaço; a própria espacialidade só se faz sentir quando devidamente estimulada por agentes especiais que a fazem movimento. Uma pintura não se realiza senão no movimento, na temporalidade que a anima; um poema é tempo na sua emotividade (ou na sua estrutura). A música é apenas tempo: por isso, o mais alto nível de uma emotividade que se faz razão tanto na medida em que é absorvida, memorizada, ou racionalizada, como no estágio em que sugere um *pathos* que pode ser determinado historicamente. Ora, se o elemento que entra na música nacionalista é precisamente o *ethos*, há que se considerar o problema do *pathos* da música como uma questão muito específica. Se o *pathos* musical pode conduzir ao *ethos*, é porque o *pathos* é também *ethos*.

Para Wagner ou para os nacionalistas brasileiros isso foi fundamental. Confirmava a possibilidade de uma espacialização da música, tornando-a coparticipante da vida, do real na sua espacialidade, na sua temporalidade histórica e sobrepunha a todo o resto a questão do *"ethos"*. A música nacionalista é a mais "encarnada" de quantas surgiram. Pelo menos é essa sua intenção ideológica. E quando me refiro a Carlos Gomes, Nepomuceno e Villa-Lobos como pontos de referência da problemática nacionalista, não posso considerar a questão apenas enquanto musicalidade, e sim enquanto musicalidade que transmite um *ethos* específico por estar no tempo e no espaço de um país.

O trio de compositores mencionados tem a ver com o assunto em pauta por muitas razões. Carlos Gomes não atravessa o rubicão do *ethos* operístico italiano; como se verá, reivindica o assunto da nacionalidade independentemente do seu *ethos* específico. A "universalidade" da ópera italiana seria uma forma impenetrável. Nepomuceno, pelo contrário, transpõe muitos limites: tinha como fazê-lo na medida em que o Brasil estava pronto a resolver o problema do nacionalismo também na sua forma, conforme a sentença de Marx. Quanto a Villa-Lobos, parece ter sintetizado à sua maneira as duas tendências: tanto a "universal" (entendida como música europeia) quanto a nacional, inserida num *ethos* que se limita no tempo e no espaço. Não é bem o que dizem muitos exegetas de sua obra, como se poderá verificar: Villa-Lobos foi suficientemente carioca e urbano para se demorar numa forma de sentir que é típica do seu espaço e do seu tempo. A essência de Villa-Lobos não é o folclorismo telúrico do Brasil em todas as suas dimensões. O Brasil é extenso demais e complexo em demasia nas suas expressões folclóricas para que um único modelo defina a sua "espacialidade". Villa-Lobos, sem dúvida, fez uma obra por tudo ainda inexplorada: acho que da sua produção ouve-se quase sempre o que é menos importante. Mas foi um compositor prolífico, acima do normal; e essa triagem histórica é uma tarefa que, por enquanto, o Brasil não pôde realizar.

De qualquer maneira, falei em Rubicão; poderia acrescentar que "a sorte está lançada"; não pretendo que todos concordem com minhas ideias ou que as entendam segundo uma ótica unívoca. Como disse, a realidade do nacionalismo é ampla; comporta na discussão da sua ambiguidade, tanto Napoleão quanto Wagner, passando por todas as variações possíveis, da guerra à música. Se o tema exige uma conclusão, está aí uma pretensão que não tenho. No Brasil continua-se a discutir o nacionalismo: tanto falam dele os que escancararam as portas do país às multinacionais como os que pretendem que o nacionalismo suponha algumas soluções de caráter nasserista, ou francamente fascista. Não é essa a minha posição. Quando um Estado põe tropas nas ruas para proteger uma empresa estrangeira contra os operários do país, a revolta pode atingir fascistas e democratas. Para os primeiros, trata-se de manter as tropas nas ruas para defender o país de tudo – inclusive da ideia de que a sociedade pode e deve ser mudada; para os outros – e o termo democrata eu o reservo para os que pensam numa democracia social e não na democracia formal que sequer foi conquistada neste país – a questão tem muitas faces. Antes de tudo é a causa operária e das massas desvalidas que está em jogo. Logo, não interessa a cor das tropas ou os interesses subalternos nativos ou não que as fazem sair às ruas. A questão do nacionalismo é ambígua, não porque muitos se proclamem nacionalistas tendo soluções antagônicas; mas porque a verdadeira solução não coloca o problema do nacionalismo como uma prioridade abstrata. Isso se reflete também nas artes. Alguns nacionalistas de hoje não raro fazem uma música que só tem a ver com um conceito específico de música nacional. Nacional é o exótico, isto é, tudo que recebe o alvará da indústria cultural multinacional. Tal nacionalismo excluiria, *a priori*, todas as realidades amplas de um país; inclusive pelo fato de que a maioria da população brasileira vive hoje nas cidades, onde o *pathos* e o *ethos* têm uma conotação diferente de tudo o que se entendeu sobre nacional até agora. Não sei se hoje é nacional o que Villa-Lobos considerou como tal. Aliás, caberia discutir a questão do nacional também na sua ambiguidade, tanto no "erudito" quanto no popular; é o que, *data venia*, como diriam os bacharéis de sempre, intentarei à minha moda – que não deixa, portanto, de ser uma maneira "nacional" de abordar o assunto (se é que isso queira dizer alguma coisa).

INTRODUÇÃO

... sabe toda a gente que, abaixo do doce de coco, o que o fluminense mais adora é a boa música. Haverá, e não raros, os que jamais possam suportar uma cena do *Cid* ou um diálogo do *Hamlet*, que os achem supinamente amoladores, tanto como os antigos dramalhões do Teatro de São Pedro; mas nenhum há que não se babe ao ouvir um dueto. E isto vem desde a infância; nas escolas aprende-se a ler a carta de nomes cantando; e ninguém ignora que a primeira manifestação do menino carioca é o assobio.

> Machado de Assis, citado por Raymond S. Sayers *in O Caminho de Bayreuth: a música na obra de Machado de Assis*, Hispanic Institute, Columbia University, Nova Iorque, 1968.

Há um consenso de que "somos um país sem memória". A constatação tornou-se um lugar-comum a caracterizar não apenas os anos recentes de obscurantismo em que a política passou a ser desconsiderada em favor da técnica. Foi assim que nos últimos anos se justificou o desinteresse pela cultura como um todo. Desde que a técnica foi elevada a um valor mais alto, considerações de ordem política, que evidentemente questionam tais critérios (elevados a essa categoria por uma minoria encastelada no poder, como se sabe) passaram a ser simplesmente ignoradas, sendo sinônimo de corrupção, mazelas etc. Nada de ilusões, é verdade: nem sempre os povos merecem seus exploradores e não há dúvida de que a amnésia nacional aumentou razoavelmente nos últimos anos. Mas a ideia sobre nossa memória fraca é recente; e não nasceu da constatação de que o país esquecia suas tradições no sentido amplo. Foi muito específica e referia-se ao patrimônio histórico ou, em certos casos, à nossa história mais antiga, nunca aos acontecimentos recentes (leia-se, de 50 ou 70 anos atrás). Nisso de reconhecermos que o mundo não foi feito em seis dias, damos sempre como evidente que o que interessa é o passado remoto, cuja ligação com o nosso presente é igualmente vista à distância. Explica-se: não apenas pretendemos nos colocar fora da história para julgá-la; temos muitas vezes a pretensão de vê-la com toda a isenção possível, quando na própria busca dos temas antigos já estamos acolhendo exatamente o que convém a nossa postura tipicamente ideológica. (Toynbee defende precisamente isto: que só o passado helênico está suficientemente longe para permitir o necessário distanciamento crítico.)

Não é um defeito nacional, evidentemente. Na América Latina como um todo, a história recente só importa na medida em que confirma o ufanismo patrioteiro, tão caro aos donos do poder; nunca se faz o *mea culpa* do dia a dia, que isso pode ressuscitar os vivos e os mortos recentes (vide o caso argentino). E como os crimes impunes são também recentes, não há como revolver o passado sem riscos mais ou menos conhecidos.

O exemplo dos bolivianos é bem típico: reverenciam seus mortos, cantam sua coragem e seu martírio – mas não se lembram dos mortos recentes da última tentativa de golpe. E os bolivianos não estão sós. É típico de todos os povos reverenciarem seus heróis consoante os interesses do momento. Tome-se Giuseppe Garibaldi, "o herói dos dois mundos". Os italianos o exaltam de tempos em tempos para cantar as glórias do povo italiano, seu empenho na conquista da independência etc. Mas cada facção italiana o faz a seu modo: os fascistas para justificar o nacional--chauvinismo e a exploração; os *partigiani* para lembrar os sacrifícios da nação contra o invasor, e assim por diante.

Em arte as coisas são mais sutis. Boa parte dos meninos de Ouro Preto sabe quem foi Aleijadinho ou mesmo Athayde; há uma espécie de "acordo popular" de que estes nomes são importantes para a cidade. Mas a realidade dos seus êxitos não é vista à luz de uma *racionalia* que questione o presente. Ouro Preto era a Vila Rica, era o fausto antigo. No entanto, com os atuais meios técnicos de que dispõem os mineiros, não resta dúvida de que a exploração mineral das Alterosas poderia trazer um progresso certamente tão ou mais importante que o do tempo que viu surgir em Ouro Preto e outras cidades os nomes hoje famosos. Ainda o caso da Bolívia é paradigmático: na catedral de Sucre encontram-se obras atribuídas a Dürer, Masaccio, Rembrandt e outros. Podem não ser autênticas – mas são, no mínimo, dos tempos destes pintores. Servem às loas e às glórias dos que dizem que a Bolívia foi um país culto quando o resto da América Latina era atrasado sob o ponto de vista cultural. Os governantes daquele país valem-se disso para dizer o que talvez seja verdade; mas o passado apenas avaliza o atraso do presente. E seria inconcebível que um governante boliviano se preocupasse em acrescentar ao passado rico de alguns de seus museus um pouco de riqueza do presente. Haveria sempre quem falasse de gastos inúteis com uma matéria verdadeiramente inútil sem que fosse posto em dúvida o luxo, por sua vez realmente despropositado, de um Hotel Sheraton em La Paz, cuja arquitetura é também um acinte; e por aí afora.

No frigir dos ovos, não somos diferentes dos bolivianos. A sanha com que os governantes nos últimos anos se empenharam em destruir a história pode ser fortuita em muitos casos. Mas não há dúvida também de que foi intencional. Pode-se não duvidar de que o que restou do arraial de Canudos, onde, como se sabe, os sertanejos pobres resistiram ao exército brasileiro numa das revoluções mais sangrentas de que se tem notícia na história do Brasil, devesse realmente ser destruído para que, no lugar, surgisse o hoje famoso açude de Cocorobó. Há razões técnicas aparentemente irrefutáveis que justificam Cocorobó. Mas Canudos sempre pesou na memória dos donos do poder. Transformá-lo num lugar de visitação seria pior para a memória recalcada do que garantir a sua existência. As razões profundas que fizeram surgir Canudos continuam absolutamente indenes no Nordeste atual. A fome persiste e a exploração também. Era realmente mais fácil – e mais conveniente – destruir o que sobrou de Canudos do que tentar preservá-lo. Euclides da Cunha diz em Os Sertões que "não existe um Maudsley[1] para julgar os crimes das nacionalidades", referindo-se a Canudos. É possível que exista – mas só quando a história das nacionalidades se transformar em algo mais do que a repetição monocórdia de exploração do homem pelo homem.

O que aconteceu com Canudos, porém, é pouco em comparação com o resto. Não se trata, é claro, de lamentar os crimes das nacionalidades. O problema é mais complexo. E não tão recente quanto se imagina. O compositor Carlos Gomes, por exemplo, chegou a ser um "modinheiro" dentro da tradição de seu tempo. Os tempos de Carlos Gomes não chegaram, aliás, a esquecer a história imediata: padre José Maurício, no fim do século passado, ainda constava dos programas musicais de São Paulo

---

[1] Famoso psicólogo do século passado.

e Campinas. No próprio acervo do pai de Carlos Gomes, o musicólogo Olivier Toni, da USP, encontrou recentemente partituras dos compositores mineiros. Os tempos de Carlos Gomes, portanto, não eram avessos a uma tradição musical autóctone. Mas apenas a nível provinciano, ou antes, no mesmo nível em que a intelectualidade literária da época se esfalfava entre o trabalho imediato e as pretensões à universalidade que, afinal, é de qualquer modo um conceito a ser discutido. O problema é todo este: na medida em que o país foi se envolvendo em sua própria condição de colônia, os modelos de fora impuseram à história artística do país um constante voltar-se para o exterior no afã de encontrar no estrangeiro (França, Inglaterra e hoje Estados Unidos) o que não se vislumbrava aqui dentro.

A rigor, pois, o país sem memória existe desde os tempos em que o objeto atual de nosso esforço de recuperação começou a ser disposto como problema. O caso de Carlos Gomes é muito significativo. Não é por nada que seu romantismo literário seja um dos ápices de sua obra e que tenha posado de nacionalista em função da temática que adotou para algumas de suas óperas. Carlos Gomes foi o primeiro compositor brasileiro a perceber na temática literariamente nacionalista, não apenas a fórmula do sucesso, mas pior, a fórmula da conciliação. A literatura, no romantismo, é uma expressão conceitual que dá corpo às ideias do cartesianismo e de seu antípoda – o irracionalismo romântico. É na literatura que os intelectuais românticos defendem seus ideais. Ainda que tais ideais se exprimam na música – *la musique avant toute chose*, dirá Verlaine – o romantismo não prescinde em momento algum da literatura. Vem daí a importância da música programática – a tentativa de conciliar duas contradições –, o cartesianismo e uma irracionalidade quase patológica. Beethoven, sem dúvida, pressentiu isso ao dizer o que já mencionei, que a música exprimia mais que a filosofia. Porque precisa dela é que ela se exprime e se pretende mais "reveladora" que as ideias do filósofo.

Carlos Gomes não foi um filósofo – mas valeu-se de aspectos literários para engrossar a filosofia nacionalista do Segundo Império. Nacionalismo "literário", diga-se: José de Alencar, Gonçalves Dias e outros foram escritores nacionais – mas seu nacionalismo é literário por ser, acima de tudo, temático. Os diversos tipos regionais que passam pela obra de José de Alencar são brasileiros por constituírem uma temática literária, e não por se identificarem como tais. José de Alencar é antes de tudo um escritor que adota um meio erudito como forma de comunicação.

O mesmo pode ser dito em relação a Carlos Gomes e sua música. Não há grandes diferenças entre o compositor de *O Guarani* e o da *Fosca* ou *Salvador Rosa*. Do primeiro, porém, se dirá que é nacionalista porque o libreto trata da história de um índio, e das outras, que são universalistas, por tratarem de uma temática europeia.

Há gradações, e não se pode ignorá-las. Carlos Gomes incorporou alguns elementos do seu tempo e que tinham ligação musical com seu país. Em *Lo Schiavo* a crítica internacional anotou recentemente que apenas na "Alvorada" – prelúdio do quarto ato – há "cor local", com o gorjeio dos pássaros etc.;[2] não por casualidade é o que a crítica estrangeira apreende. Mas Carlos Gomes, intencionalmente ou não, ajuntou ao final deste mesmo prelúdio uma alusão remota ao Hino Nacional Brasileiro. A citação, no caso, tem intenções óbvias (ainda que não necessariamente conscientes). O compositor não acede que suas obras devam ser nacionais no sentido radical de ir ao folclore – mas que têm de ser tematicamente nacionalistas. Inclusive na alusão deliberada a temas incorporados ao inconsciente coletivo e que se mantêm conceitualmente vivos.

A participação de Carlos Gomes no mundo operístico italiano deve ser vista sob muitas maneiras; como uma concessão ao exótico é uma delas. Se é forçoso reconhecer-lhe o talento, impõe-se também constatar sua proeminência neste equívoco de aceitar o gênero operístico italiano como fórmula definitiva. O maestro David Machado, num trabalho que fez há anos sobre *Lo Schiavo*, relembrou a bom tempo que Carlos Gomes ensaia o uso do *leitmotiv*; é uma tese discutível; a constatação demonstraria apenas que Carlos Gomes conhecia a música alemã e que não ignorava as mudanças do gênero, não em função de uma modificação interna da ópera – mas da própria realidade que impôs a contrapartida wagneriana. Essa contrapartida, é verdade, não existia apenas a nível de infraestrutura social, política, econômica etc. Seria não ir muito longe ignorar que a revolução wagneriana se opera num clima de efervescência, de crescimento do espetáculo melodramático como derivativo comercial; o drama wagneriano conquanto espetáculo fornece inúmeras soluções comerciais à ópera. Quando Carlos Gomes faz sucesso, deve-o sem dúvida a seu talento inegável, reconhecido até por Verdi, como se sabe.

---

[2] Diz Max Loppert, do *Finantial Times*, citado por Juvenal Fernandes *in Do Sonho à Conquista:* "Apenas o singelo e cativante prelúdio da *Alvorada* do quarto ato com gorjeio de pássaros e sons de despertar, dá um toque de cor local à partitura".

Mas deve-o também à necessidade de diversificação do gênero, tendo em vista seu esgotamento na forma tradicional e a ampliação do espetáculo em vários níveis. Se o próprio Wagner cede ao exotismo das religiões orientais, por que não concordar que Carlos Gomes fosse, de um certo modo, o ingrediente que convinha ao modismo do exótico que redundou nas óperas de Bizet, de David e de outros? Salazar registra o fenômeno e inclui *O Guarani* entre as óperas "exóticas" que atendiam o gosto da época.[3] Carlos Gomes aderiu algumas vezes à onda, reincidindo mais tarde num novo exotismo. Refiro-me a *Lo Schiavo*, escrito em homenagem à princesa Isabel, a Redentora, e que apenas teoricamente homenageia a comunidade negra brasileira, libertada do cativeiro pela Lei Áurea. Não se pode esquecer que a ópera reverte para o indígena, quando os índios já estão devidamente eliminados do processo de produção e, portanto, digeríveis pelas classes dominantes do Império. Que sua ópera seria indigesta, desde que votada à problemática escravista negra, pode-se imaginar. A história de uma mulata (ou de uma negra), a amar um branco e a se voltar indiretamente contra o colonialismo branco na África, precisamente durante o apogeu do Império Britânico seria insuportável. Não é um fato ignorado, e o próprio Carlos Gomes se deu conta disso. E em muitos sentidos. Não apenas pôs como *schiavo* um índio aimoré, mas constatava ao fim da vida que não cumprira a contento as "esperanças" que nele depositara Giuseppe Verdi.[4]

Em Carlos Gomes, de qualquer modo, reside o centro da questão nacionalista latino-americana. Em seu romantismo ele não reivindica a volta a um passado que ignora, mas ao exótico que idealiza. Pode-se perceber em Chopin a influência não tão espantosa de J. S. Bach; é Mozart quem muitas vezes fala por Beethoven ou por Schumann; mas são os compositores europeus os modelos dos brasileiros (ou dos argentinos, bolivianos e outros), e não a obra do padre José Maurício ou Emerico Lobo de Mesquita.

Enquanto permaneceu no Brasil, Carlos Gomes manteve-se nos limites dos conhecimentos que considerava incompletos. O modinheiro Carlos Gomes – tal qual o personagem das polcas de Machado de Assis – aspira bem mais "alto". Não se nega a seu mundo, mas alguns de seus

---

[3] *In La Música en la Sociedad Europea*, de Adolfo Salazar, México, Fondo de Cultura Econômica.
[4] Juvenal Fernandes, *Do Sonho à Conquista*, Fermata do Brasil.

maiores sucessos, mesmo no Brasil, foram um hino acadêmico, a ópera *Joana de Flandres* e outros, tentativas que revelam a demanda social para o sonho maior da ópera italiana. Neste sentido, pode-se e deve-se ir mais longe: não radica em Carlos Gomes ou em outros compositores a culpa exclusiva pela concessão que todos fazem. O problema não é apenas dos compositores, mas da sociedade brasileira como um todo, submetida ao colonialismo em vários níveis. E o fato, a nível musical e artístico, tem muitas explicações.

A primeira delas é histórica. O passado colonial não interessa na medida em que representa a vergonha recente das imposições e da humilhação nacional. Era natural que José Maurício, com sua submissão de empregado da corte de Dom João VI, fosse em tudo encarado como o exemplo do músico colonial, submetido à Coroa portuguesa. Ou que Marcos Portugal representasse isso e muito mais, com sua ascendência portuguesa, seu passadismo em relação aos novos tempos etc. etc. Noutro nível, contudo, a multiplicidade de opções representada, teoricamente, pela Independência, significava exatamente o que sempre fora vetado aos artistas brasileiros: a possibilidade de escolha muito além da Metrópole portuguesa.

No Brasil isso foi particularmente sensível. A proibição de que os brasileiros tivessem sua própria imprensa causou, como se pode imaginar, muitos problemas. Não foi a causa primeira do alto índice de analfabetismo durante o segundo Império, já que a miséria da exploração é o grande atributo do colonialismo; mas foi, sem dúvida, um de seus estímulos. O forte centralismo anacrônico, mesmo para os moldes neocolonialistas, impôs ao Brasil uma submissão cuja herança deu no que deu. Explica-se que Carlos Gomes não se tenha voltado para o passado imediato de seu país, ou que o repudiasse em nome precisamente de uma visão política até certo ponto progressista. Mas não há dúvida, também, de que o "esquecimento" do que ocorreu em seu passado imediato deve-se ao pouco caso com que este começou a ser tratado por todos – inclusive mais tarde pelos modernistas. Pode-se fazer, a propósito, uma ilação não de todo falsa: de que a ópera, para o Brasil, representou quase o inverso do que foi para os europeus. De fato, enquanto na Itália e Alemanha o gênero acompanha o *risorgimento* – e a unificação –, em outros países, como o Brasil, é apenas a extensão de um espetáculo dramático que pouco ou nada tem a ver com a realidade de um país explorado em vários níveis e sem a menor consciência de sua possibilidade enquanto nação. No Brasil, como em outros países, o gênero operístico não se identifica com o mundo onde é cultivado. Constitui certamente, ainda, e sob muitos aspectos, a via de manifestação da burguesia e das aristocracias nacionais. A ópera é também conceitual. Faz da música o "literário" que Beethoven reivindicava para suas sinfonias, sonatas e quartetos. Mas por ser um gênero que se identifica de vários modos com a revolução liberal burguesa, é também, à sua maneira, um espetáculo que se anima nas próprias contradições do mundo que a viu surgir e crescer. A realidade que abona uma ópera como *Simon Boccanegra*, de Verdi, tem pouco a ver com os americanos, com suas revoluções e lutas emancipatórias. A reflexão que Verdi faz do estadista representado no personagem-título da ópera relaciona-se com todos os estadistas – mas certamente está ligada à necessidade da organização do Estado no estágio de desenvolvimento da própria sociedade italiana após as lutas contra a dominação estrangeira. No Brasil a situação é outra. E ainda *La Schiavo* é o melhor exemplo. Poderia ter explorado o drama do negro brasileiro na sua realidade. Preferiu uma absurda autocrítica pela remissão dos pecados "nacionais", tendo em vista um passado definitivamente morto em que índios, e não negros, são os escravos da ópera. Isso tudo, não obstante a realidade de que já os índios não representam absolutamente nada na economia fundamentalmente agrária do país. Precisamente por isso, entretanto, é que Carlos Gomes opta pelo libreto de Taunay, devidamente transformado por Rodolfo Paravicini. Fosse de outra forma, o compositor se colocaria duplamente na berlinda: como acusador de uma sociedade que não cessara de explorar a mão de obra escrava – caso do Brasil; e como crítico das sociedades europeias em geral, quase todas elas com inequívoca vocação colonialista, não disfarçadamente racistas. De novo, portanto, a mesma ignorância do passado imediato – mas desta vez sob uma forma bem menos velada e no receio óbvio de não ir muito além na comemoração de um ato que, como se sabe, teve influência decisiva no golpe que derrubou a monarquia no Brasil. Impunha-se, portanto, que o libreto roçasse a questão da escravidão no país. E que se limitasse a condenar em termos o que um Castro Alves condenava de forma acerba, ainda que obviamente sem o vislumbre de que os negros não cessariam de ser explorados com a Lei Áurea. A política da ópera não foi a ópera da política. Por aqui íamos abonando a semiescravidão "feudal".

A ópera, de qualquer modo, foi importantíssima para os brasileiros. Não desvenda nada do mundo em que vivem os intelectuais, mas se constitui no espetáculo por excelência da intelectualidade e fora dela. Não sei se é possível concluir que já na ópera se inicia o longo processo de sedimentação da indústria cultural que iria eclodir com os modernos meios de industrialização e de comunicação de massas. Mas faz parte do *status quo* identificar na ópera o espetáculo do mundo a ser imitado, de um mundo a rigor inexistente e que independia obviamente da vontade dos brasileiros (como de resto dos bolivianos, dos argentinos e outros). A identificação ópera *versus* revolução nacional não é um fato ignorado. Por isso mesmo apreciam-na os intelectuais nacionalistas ou plenamente identificados na luta comum por uma arte fundamentalmente nacional. O modismo, diz um comentarista, não é apenas uma manifestação esnobe e alienada.[5] Em sua essência expressa desejos inconscientes que, no caso do "amor à ópera", poderia muito bem significar a clara identificação que haveria entre o gênero lírico e sua relação com o *risorgimento* e com as revoluções nacionais burguesas. Pode ser. O que parece claro, porém, é que a "moda" operística é um fato, e não as condições que a criaram na Europa. Bruno Kiefer, em sua *História da Música Brasileira*, informa que quando Carlos Gomes chegou ao Rio de Janeiro, vindo de Campinas (isso lá pelo ano de 1859), foram representados 73 espetáculos operísticos na capital federal; das 17 óperas encenadas então, todas eram italianas e a grande maioria de autoria de Donizetti e Verdi. No ano seguinte haveria a encenação de outras tantas óperas, com 31 espetáculos ao todo.

Não eram acontecimentos excepcionais, e se for feita uma comparação com as poucas cenas líricas que se montam hoje no país, quando a população brasileira é quase oito vezes maior, pode-se concluir, como o fazem muitos, que a ópera foi para os brasileiros do século passado o que são hoje o cinema e a televisão. Fico na constatação; mas não posso deixar de registrar alguns aspectos interessantes. Por exemplo: com toda a sua sisudez e escrúpulos, Euclides da Cunha e Machado de Assis não parecem fugir à regra de amantes de ópera acima das circunstâncias de que nem sempre sabiam sobre o que falavam ou apreciavam. Machado de Assis em *O Memorial de Ayres* afirma que a viúva pretendida pelo Conselheiro tocava Wagner ao piano. É possível que, de fato, já houvesse reduções das óperas de Wagner no tempo em que o escritor escreveu *O Memorial*. *Tanhäuser* foi representada pela primeira vez no Brasil em 1881; *O Memorial de Ayres* foi escrito bem mais tarde, em 1908; nesta época os negócios editoriais das casas impressoras andavam em pleno fastígio. Desde o século passado toda casa burguesa ou "aristocrática"

---

[5] Seria o caso de se recorrer aos ensaios de R. Barthes e M. MacLuhan.

já possuía pianos como símbolo de *status*. O talento da personagem de Machado não é certamente uma exceção. Mas Wagner já é um fenômeno da moda internacional. Apreciá-lo ou detestá-lo impõe-se como uma destas querelas que resvalam facilmente para a ideologia, senão para o modismo que será aproveitado à larga pelas técnicas de *marketing* modernas e antigas. É provável, portanto, que Machado de Assis estivesse também preocupado em bater no ritmo de seu próprio tempo, ou que se preocupasse em registrar um fenômeno que, certamente, já mobilizava a vanguarda da inteligência brasileira.

Wagner e Verdi são, de fato, motes perfeitos para as disputas entre os dois mundos que se opunham na Europa: de um lado o italiano, com sua arte autenticamente nacional, mas por isso mesmo despida de toda sofisticação, e de outro, o alemão, produto já dos conflitos de classes. Verdi não deixa de ser isso à sua maneira. Mas sua visão é até certo ponto conciliadora; com Wagner é exatamente o conflito de classes que se exaspera, mesmo na realidade da reivindicação nacional. Em Verdi os conflitos amorosos não passam muitas vezes de idealizações. Os interesses de classes cedem ao amor nas relações entre os personagens. Em Wagner, o amor é permeado pelas outras realidades – a luta pelo poder, a inconstância determinada pelo meio ambiente, sem falar, é óbvio, na resultante de tudo isso, que é a sua própria música. O próprio *leitmotiv* nada mais é do que o mundo enquanto a presença constante de todos os motivos da vida que não apenas o amor.

É revelador do nível de incompreensão da obra de Wagner, pelos intelectuais brasileiros da época, que Machado de Assis, um libretista bissexto, coloque como exemplo de sua admiração pelo compositor o episódio em que a viúva do *Memorial* toque um trecho de Wagner ao piano. Mesmo que fosse Wagner que realmente se tocasse nos pianos no Rio de Janeiro da época, não era, a rigor, o Wagner cuja problemática só se resolve na orquestra e no palco. Machado de Assis, no entanto, foi de todos os intelectuais brasileiros de sua época, certamente, o mais apaixonado pela música. Sabe-se que tentou algumas incursões na ópera, que assinou algumas críticas musicais e que não via na ópera, apenas um modismo.[6] O mesmo que Euclides da Cunha. Este, porém, embora não fale abertamente, se disse sempre um ouvido antimusical. Mesmo assim,

---

[6] Machado de Assis foi bibliotecário do Clube Beethoven; foi nesta condição de amador autêntico que conheceu Nepomuceno em 1885.

insiste em afiançar seu amor pelo gênero operístico. Confessou certa vez a um amigo que de todas as óperas que apreciara tinha predileção especial por *Sansão e Dalila*, de Saint Saens, que assistira no Teatro São José, em São Paulo. Não é de se duvidar que assim o fosse, mas é de se duvidar que a compreensão de Euclides da Cunha pela ópera ficasse na mera contemplação do espetáculo. Ele certamente não conhecia o gênero a fundo, mas o entendeu em muitas dimensões.

Em Euclides da Cunha o melodramatismo é quase determinante na estrutura de seus escritos. A dificuldade de fazer de *Os Sertões* uma ópera, reside, creio, exatamente na estrutura operística com que o livro foi concebido. (Há, aliás, uma dimensão gráfica especial em *Os Sertões*, a qual poucos exegetas se deram ao trabalho de investigar. Euclides da Cunha dispõe muitas vezes a dramaticidade de seu relato no uso e abuso de parágrafos, não por conhecer os recursos "dramáticos", ou antes, "melodramáticos" da disposição gráfica de um texto, recurso que, de resto, grande parte dos escritores da época também exploraram – Euclides certamente se relaciona com o drama operístico por bem mais do que sugere sua confissão de ser antioperístico.) Este é um aspecto realmente notável na produção literária dos escritores brasileiros. Não foram eles, certamente, os autores da relação entre o melodramatismo e a literatura – mas foram eles suficientemente sensíveis ao melodramatismo para se preocuparem com os vários aspectos de sua vigência.

Carlos Gomes, a seu turno, foi muito menos literato do que músico. Aliás, a crer na grafia mantida *ipsis literis* no livro de Juvenal Fernandes, o compositor era pouco mais que alfabetizado. Comete erros incríveis de ortografia; só não errava tanto na concordância por ter excepcional ouvido musical, o que é compreensível. Não é o caso de grande parte dos escritores brasileiros, como José de Alencar. Seria necessária, talvez, a leitura múltipla de vários escritores brasileiros para determinar em que nível se poderia estabelecer algumas analogias estruturais entre textos literários e textos musicais.[7] É fácil entender, por exemplo, em que dimensão a musicalidade de Euclides da Cunha é buscada no ritmo da frase; ou de que forma a estrutura mesma de *Os Sertões* é concebida como a construção melodramática a que me referi. Mas não é fácil discutir tais aspectos apenas na leitura superficial dos escritores da época.

---

[7] É o que faz em parte Antonio Cândido em *Formação da Literatura Brasileira*, Livraria Itatiaia Editora.

Que isso tem a ver, porém, com o nosso assunto? Em primeiro lugar é inegável que o operismo representa um ponto importante na vida intelectual e artística do país. A proeminência da ópera como gênero dramático por excelência influencia praticamente todos os escritores importantes do século passado. Em alguns, como no espanhol Gutierrez (*Il Trovatore*) ou no brasileiro Martins Pena, o melodramatismo não ultrapassa praticamente sua função. Os arquétipos do gênero operístico chegam ao paroxismo. Não é preciso conhecer muito a história do teatro romântico para identificar em sua trajetória todas as influências melodramáticas que sofreu. O Alexandre Dumas de *A Dama das Camélias* não é certamente menos operístico do que a ópera com a qual Verdi alcança seu grande sucesso, *La Traviata*. Mas, ao contrário de outras obras concebidas como óperas, há outras que só se completam realmente transformadas em cenas líricas. Isso ocorre amiúde com a poesia. Nem tanto, talvez, no Brasil, mas certamente com Schobert, amigo de Schubert e que, como se sabe, passou à história pela música de outro e não por seus valores pessoais.

A par do melodramatismo, a cultura brasileira pouco tem a ver como ópera na sua realidade social e que, como disse, é europeia. Mas tem muito a ver não apenas nos casos em que a estrutura literária se fundamenta em parâmetros melodramáticos (Euclides da Cunha), mas também quando, além da estrutura, ela tenta ser apenas ópera no sentido brasileiro de uma reflexão sobre a realidade.

Carlos Gomes e José de Alencar, apesar das restrições que este último fez a *O Guarani*, do outro, são muito semelhantes entre si na abordagem desta realidade. Se Carlos Gomes renega a realidade, mesmo quando pode interferir nela – como acontece em *Lo Schiavo* – José de Alencar também idealiza o indígena em *O Guarani*. Para Alencar, o *bon sauvage* é princípio de sua adesão ao romantismo e ao nacionalismo. Mas é também o retomo ao passado remoto, sem compromissos, postura que vão defender todos os românticos e nacionalistas brasileiros. José de Alencar é um nacionalista insuspeito. Nos seus livros recorre a expressões que caracterizam seu proselitismo. Em *O Guarani* refere-se ao Brasil como "terra da liberdade", o mesmo que Carlos Gomes, para quem o Brasil não tinha mais escravos depois de 1889. Ambos foram conservadores a seu modo: Carlos Gomes devotando até o fim uma gratidão sincera pelo imperador que o ajudou, negando-se a fazer o Hino à República em nome dessa fidelidade, José de Alencar investindo contra todas as ideias novas. Para ambos, entretanto, o Brasil real é o Brasil de suas elocubrações e de seus desejos. Não há dúvida de que no operismo Carlos Gomes é ainda o mais importante compositor que o Brasil já teve. Não foi além do modelo que tinha e tentou pouco no pouco que lhe foi oferecido. Certamente, não poderia ser de outro modo. Quanto a José de Alencar, não foi um escritor "operístico" no sentido em que talvez se possa empregar essa expressão em relação a Euclides da Cunha ou Castro Alves. Aquele constrói toda a trama de *Os Sertões* num processo de acumulação de efeitos dramáticos que culminam à maneira do operismo verdiano. José de Alencar conhece, sem dúvida, seu ofício nos termos em que este se coloca, conforme suas posições ideológicas. Mas não vai além. Interessou-se igualmente pela música, sabe-se. Tentou a opereta e a ópera como libretista, e não se sentiu frustrado de todo com as modificações que Carlos Gomes operou nos textos de *O Guarani*. Mas ficou nisso. Como ocorre com outros intelectuais brasileiros da sua e de outras épocas, a música lhe foi uma importação fortuita. Não fazia parte da história do país.

AS RUPTURAS

Há razão, portanto, para se considerar a história da música brasileira do século passado até hoje uma infindável sucessão de rupturas. Entre o padre José Maurício e Emerico Lobo de Mesquita, aquele carioca, este mineiro, existe porventura uma distância menor do que entre o padre compositor e muitos de seus conterrâneos que surgiriam algum tempo depois. Francisco Manuel da Silva importa muito pouco na história da composição brasileira enquanto criador. Foi autor do Hino Nacional e talvez merecesse pouco mais do que a glória de ter composto uma peça que sequer é original (Cleofe Person de Mattos identifica numa obra de José Maurício os compassos que Francisco Manuel da Silva usaria em seu hino). Não estranha que se tivesse esquecido sua obra e, talvez por via de consequência, a do padre compositor, seu mestre. Por aí, não se estranha também que toda a música de José Maurício só fosse virtualmente recuperada no nosso século pela sra. Cleofe Person de Mattos. Sabe-se que o visconde de Taunay tentou exumar a obra do compositor; que foi inclusive ao Parlamento para tentar uma recuperação já àquelas alturas difícil. E que, afinal, não recebeu mais do que a resposta até certo ponto prevista, de que queria exumar uma espécie de anacronismo, um pobre "padre rabequista", como diria um deputado.

Não se tratava apenas de um esquecimento, como se pode calcular. Na medida em que o nacionalismo brasileiro deveria passar pelo alvará de Paris, Roma, Florença ou Berlim, não havia mesmo razão para recorrer ao passado. Ele pouco valeria aos possíveis nacionalistas. Seria apenas uma mera referência, ou uma digressão, como faria Alberto Nepomuceno com a obra do padre José Maurício.

Nepomuceno, porém, é um caso *sui generis*. Não só por isso.[8] Não teve a nomeada internacional de Carlos Gomes. Não fez sucesso como operista; da sua obra, contudo, não se louvam alguns aspectos positivos e atuais exatamente por não ter sido conhecida no exterior, como talvez merecesse.

Nos trabalhos que se conhece sobre o compositor, insiste-se sempre na tecla do seu nacionalismo. Ele foi isso, a seu tempo, de certo. Mas na insistência revela-se o duplo equívoco em torno de sua obra: a necessidade de que fora do nacionalista sua obra não teria salvação, e a urgência de encontrar na submissão aos cânones europeus a parte fraca de sua produção. A atitude é a mesma em relação a Leopoldo Miguez.[9] Este foi um wagneriano que sequer deixou de conceder aos clichês típicos dos wagnerianos de tercinas seguidas de colcheias, a um certo cromatismo etc. Como tal, portanto, parece ter cedido demais ao modelo maior. Não foi menor compositor por isso, claro. Mas em comparação com Nepomuceno, sua obra talvez só merecesse maior interesse pelo Hino à República que, por manter a grandiloquência dos modelos congêneres introduzidos por Wagner e sua escola, pode suscitar certa curiosidade pelo resto que produziu. Nepomuceno, ao contrário, parece oferecer mais. Não, porém, em torno apenas da "brasilidade" de sua produção. A rigor, Nepomuceno é mais o seu tempo do que todos os outros compositores de sua geração. Não parece querer ser mais brasileiro que os intelectuais do período, mas, se aceita o nacionalismo como postura ideológica, é porque no vislumbre de sociedade nacional calcada no industrialismo está a raiz da articulação burguesa da qual o compositor faz parte. A observação de Florestan Fernandes de que "um país cuja economia se especializa na produção agrícola e obtém os excedentes de que precisa por meio da exportação ... possui um mercado interno forçosamente débil" – talvez se aplique à dupla feição nacionalista de Alberto Nepomuceno; ela é calcada nos modelos europeus. A própria existência de um Leopoldo Miguez, wagneriano acima de tudo, mostra a dubiedade, ou antes, a instabilidade do capitalismo dependente que se instaurou no país...

Mesmo sem ser mecanicista, por isso é possível fazer algumas incursões num tipo de reflexão que pense exatamente as relações entre a infraestrutura econômica e a realidade cultural. Disse, anteriormente,

---

[8] Alberto Nepomuceno (Fortaleza, 6.7.1864; Rio de Janeiro, 16.10.1920).
[9] Leopoldo Miguez (Niterói, 9.9.1850; Rio de Janeiro, 6.9.1902).

que Carlos Gomes não intentou ir além de um melodrama enganoso ao abordar o problema da escravidão. Foi assim – mas não apenas porque a Lei Áurea não eliminou a exploração ou a discriminação racial; mas porque a mão de obra escrava deixa de ser lucrativa para a produção. Logo, não é uma ruptura que se verifica com a Lei Áurea, mas simplesmente a tentativa de institucionalização de uma situação que se vinha transformando há anos – primeiro com a dificuldade de exportação de escravos; a seguir, pela baixíssima produtividade de mão de obra escrava em comparação com a mão de obra livre. Ora, Nepomuceno, Francisco Braga ou Leopoldo Miguez, apenas para citar três compositores do período, representam precisamente essa dubiedade da sociedade burguesa emergente no Brasil. Entende-se que enquanto a fazenda de café fosse tradicional – aquela em que o fazendeiro neutralizava-se para qualquer atividade econômica que ultrapassasse as fronteiras da supervisão administrativa de sua fazenda – a visão do mundo dos brasileiros pensantes oscilasse entre o completo alheamento e a cultura importada. Nesta circunstância, explica-se o aristocratismo do rococó; José Maurício e os mineiros tinham necessariamente de ser compositores, sem muita vinculação com o mundo em que eles mesmos viviam. A economia feudal é autossuficiente, e enquanto a fazenda brasileira dependeu do exterior, ela se nivelou ao feudalismo na manutenção de seu isolamento. Na medida, porém, em que o comércio com o exterior se modifica, exigindo intermediários, também a pluralização cultural vai se expandindo. O fenômeno do romantismo musical brasileiro não é diferente do romantismo literário; mas no romantismo musical o exterior representa precisamente um dos aspectos desta polaridade. Outra realidade é a própria polaridade interna e os valores da sociedade, onde o nacionalismo é a ideologia da classe que se forma.

Claro, a emergência do nacionalismo artístico tem relação frequente com a solidificação de uma consciência nacional, dos direitos de uma classe sobre o resto da nação. Há uma relação íntima entre a consciência do direito de propriedade com o "direito" sobre o mando do país. Não é por nada que a apropriação dos meios de produção se confunde com o "direito" de governo, o qual, por sua vez, enseja o nacionalismo etc. etc. Sob este aspecto, o nacionalismo é o problema enquadrado, por excelência, na rasteira da independência política. Mas se manifesta enquanto ideologia generalizada em seu alvo exclusivista, contra os "estrangeirismos", na medida em que se desliga da problemática imediata da dominação da metrópole. Enquanto a luta pela independência brasileira se dá contra

Portugal e exclusivamente contra a metrópole, importa desligar-se do país colonial, seja em que medida for. Carlos Gomes, todos reconhecem, não faz uma arte autenticamente nacional – mas ao comparecer lado a lado com os grandes de seu tempo no Scala de Milão e no San Carlo de Nápoles, defende o Brasil no "concerto das nações civilizadas", dignas, portanto, de gerirem seus próprios destinos.

Carlos Gomes é ainda homem do Império, isto é, do período que antecede o advento da República com a posterior industrialização. Pertence à estirpe dos músicos autenticamente brasileiros, moldados na musicalidade feita por artesãos nascidos no Brasil e formados aqui. Se envereda para a ópera é porque o gênero se impôs como misto de entretenimento e música. A demanda pela ópera, entretanto, faz-se como expressão de um mundo progressista em todos os termos: na independência nacional, no progresso material e na síntese de todas as artes. A ópera realiza o ideal burguês por excelência: é o domínio absoluto sobre as artes e, por extensão, sobre a natureza. A "obra de arte total" (*Gesamtkunstwerk*), de Richard Wagner condiciona o mundo a uma visão totalizante, assim como o "poema sinfônico" é a alternativa instrumental ao domínio da totalidade – do musical ou da música pura ao conceitual. Bastava aos brasileiros que um patrício seu – Carlos Gomes – tivesse vencido no mundo idealizado das potências europeias para que desse seu quinhão no processo da independência nacional. Mas Carlos Gomes não escreveu em vernáculo – como fizeram outros compositores menos talentosos do tempo; muito menos se engajou na luta pela República. Foi amigo fiel do imperador Pedro II e, de fato, pertenceu ao Império também neste sentido. Sua ligação ao Império foi, portanto, também política. Mas por pertencer à geração que se segue imediatamente à Independência não poderia ter outro ideal que a emulação com os estrangeiros no terreno deles, sem reivindicar nada mais do que a igualdade com os êmulos europeus.

A problemática imediata de Carlos Gomes foi toda essa: disputar um lugar ao sol nos termos das outras nações, em confronto imediato com a sua condição de brasileiro. Com o advento da República e com o surgimento de uma indústria incipiente que deve ter sob sua guarda uma mão de obra livre, é necessário que também a produção assuma uma feição própria. Esta a diferença entre o nacionalismo de Carlos Gomes – assegurada por sua simples condição de brasileiro – e o nacionalismo atuante, diferencial, dos que lhe seguem. E não é por coincidência que aos músicos de origem luso-brasileira do Império se sigam alguns nomes com raízes europeias.

Henrique Oswald, Alexandre Levy, Luciano Gallet ou Leopoldo Miguez não são todos nacionalistas, mas vivem em um mundo em que se lhes exige algo mais do que serem simples rivais ou iguais aos grandes estrangeiros da época. E se são filhos de imigrantes é porque a imigração se faz necessária para uma atividade livre que coincide com o surgimento das cidades dignas do nome, independentemente da capital federal, Rio de Janeiro. O comércio urbano como prolongamento das atividades econômicas das oligarquias enseja o surgimento de uma classe de comerciantes. Leopoldo Miguez é filho de comerciante; Levy também, e assim por diante. Mas é precisamente um nordestino, precursor dos intelectuais "migrantes" de outros Estados para o Rio e São Paulo, Alberto Nepomuceno, quem vai tentar com certa sistemática um programa nacionalista.

Há portanto, a essas alturas, uma acentuada mudança de enfoque na colocação da questão musical. A música de caráter nacional só existe porque existe Nação. Mas o conceito de nação (pelo menos no Brasil) só surge no rastro do desenvolvimento urbano. A inquirição que o compositor e musicólogo Bruno Kiefer faz sobre os antecedentes do surgimento da modinha enquanto gênero tipicamente brasileiro[10] pode ser respondida pelos historiadores da formação urbanística brasileira. O fenômeno é comum a todos os países latino-americanos: certos gêneros musicais considerados populares só nascem com a estruturação dos grandes centros urbanos. São os centros urbanos que caracterizam[1] e irradiam certos gêneros. Não que sejam só os centros urbanos que façam isso. Em seu ilhamento, as comunidades rurais estimulam o surgimento de um sem-número de gêneros. Houve inclusive quem aliasse as duas coisas: folclore e meio rural. No caso da modinha, porém, obviamente não foi assim. E por diversos fatores. Um deles pode ser sentido na própria dubiedade que os historiadores registram a propósito dos primórdios da modinha: é brasileira ou portuguesa? As dúvidas sobre a nacionalidade do gênero identificam as inter-relações. O intercâmbio entre as duas sociedades parece ser a principal causa da dubiedade deste gênero musical. A dúvida começa pelo porto do Rio de Janeiro, por onde circulam nativos e reinóis; e sua ambivalência é, portanto, também a permeabilidade que só os portos mantêm. Mas por ser um gênero urbano, a modinha só passa a ter autonomia com características fundamentalmente brasileiras – ou com características em todo o caso diferentes do gênero que se praticava

---

[10] In *A Modinha e o Lundu*, Bruno Kiefer, ed. Movimento.

em Portugal – a partir do nascimento do Rio de Janeiro enquanto cidade. Uma definição que acontece nos fins do século XVIII e que a vinda da família real portuguesa só fará por tornar mais acentuada. A modinha torna-se um gênero de tal modo atraente que mesmo um compositor "profissional" e a serviço da corte – como José Maurício – pratica o gênero e o introduz no *Ingemisco* da missa de Réquiem. O próprio Marcos Portugal não ficou imune à modinha. No caso, aliás, apenas incorporou um gênero que assumiu grande parentesco com certos procedimentos típicos do *bel canto*. E Marcos Portugal foi antes de tudo um compositor operístico.

Neste nível, o migrante Alberto Nepomuceno já encontrou algumas instituições bem estabelecidas quando chegou ao Rio de Janeiro. Uma delas foi sem dúvida o gênero tipicamente urbano. A outra foi o Estado monárquico – ou antes, o Estado altamente centralizado de um país que, por ser continental, tinha necessariamente de ser governado a partir de sua própria fragilidade de gigante nos termos que o estruturaram os portugueses. Quando Carlos Gomes viajou para a Europa teve a amparálo a proteção do imperador. Foi por isso que o compositor – fiel a seu protetor real – deixou de compor o Hino à República. Com Nepomuceno seria diferente. E por razões que certamente o próprio centralismo iria explicar em parte. Sabe-se que a princesa Isabel negou ajuda ao músico por considerá-lo "vadio". Era a esse nível que o paternalismo monárquico procurava atender às reivindicações da *intelligentsia* da Corte brasileira. Nepomuceno, naturalmente, conseguiu ir para a Europa estudar, independentemente das opiniões da princesa – mas o Estado centralizador persistiria. E na República, sob a forma de protecionismo burocrático. Com exceção de Carlos Gomes – e sem falar nos compositores que o antecedem (como José Maurício, Marcos Portugal), é significativo o número de musicistas – compositores – que vivem à sombra protetora do Estado. O próprio Alberto Nepomuceno foi diretor do Instituto Nacional de Música, da Escola Nacional, ocupando o lugar de Francisco Manuel e de Leopoldo Miguez. No Brasil a música nunca foi suficientemente atraente ou importante em termos nacionais para arrebatar o interesse da iniciativa privada. Houve tentativas. Coube a dom José Amato fundar uma sociedade musical durante o reinado de dom Pedro II, mas a iniciativa falhou e daí em diante, pelo menos a partir da República, foram poucas as sociedades musicais privadas que vingaram. E não chegaram a vigorar jamais como padrão. As razões são evidentes. Na medida em que a industrialização brasileira faz-se a partir das gestões do Estado, cabe também ao Estado gerir a arte. Não é um procedimento estranho ao processo de industrialização do Brasil o assessoramento da máquina burocrática nas várias etapas em que se dá este processo. O primeiro surto industrial brasileiro fez-se às custas de incentivos, subsídios, tarifas alfandegárias especiais, todas implementadas pela máquina burocrática. Num país falho em recursos individuais, era natural que as classes dominantes recorressem aos préstimos do Estado centralizador para tentar a alternativa do café, ou do algodão, como forma de se industrializar. Se isso aconteceu, entretanto, era porque já desde o Império a burocracia deveria dar à iniciativa privada o que ela não estava em condições de fazer.[11] Explicava-se que os musicistas buscassem na sombra protetora do Estado o que não poderiam obter individualmente. Daí a presença dos dois imperadores na vida dos músicos brasileiros e, mais tarde, de um sem-número de presidentes da República na existência de outros. Neste sentido, é possível falar numa música que por estar atrelada ao Estado não poucas vezes fez-se porta-voz deste mesmo Estado.

Alberto Nepomuceno é o exemplo típico da ideologia industrialista que domina o Brasil depois da República. Não por ser republicano e por acreditar que estava na senda certa ao adotar o vernáculo nas canções que compôs, mas por estar aberto ao mundo que o industrialismo representa, sempre atento à inovação. O industrialismo não supõe apenas uma adesão à máquina, subentende a adesão à transformação em nome da própria transformação que a máquina, na teoria e na prática, pode operar na sociedade. Sabe-se que foi também em contato com o norueguês Edward Grieg que Alberto Nepomuceno aderiu ao nacionalismo; sabe-se que cultivou amizade com esse compositor.

Mas poderia ter sido amigo de Grieg se não tivesse algo em comum com as posições dele?

Em Alberto Nepomuceno há toda uma tendência de valorizar o que considera nacional – inclusive a história de seu país. Foi Nepomuceno um dos poucos músicos que se preocuparam em recuperar a obra do padre José Maurício. Não levou seu intento muito longe pelas razões já expostas. Entre valorizar uma história desconsiderada por sua própria fragilidade histórica, feita de rupturas, e tentar reformar o presente, Nepomuceno optou por essa alternativa. Não foi um músico que fez do nacionalismo um objetivo imediato; no uso do folclore ou dos ritmos urbanos em

---

[11] *Insurreições Escravas*, Décio Freitas, Ed. Movimento.

algumas de suas composições, ele buscou o meio-termo entre as escolas europeias – uma inspiração que não esconde seu parentesco com Schumann (nas obras pianísticas) e Liszt ou Grieg (em peças orquestrais) – e a assim chamada "escola nacional". Mas Nepomuceno, mesmo em obras nitidamente europeias – quando sente o mundo como um fenômeno urbano – conflui para um tipo de musicalidade com ares nacionais.

Nepomuceno é o músico por excelência do meio urbano brasileiro. Nasceu no Ceará, mas fez-se músico na realidade das cidades do fim do século passado, incluindo-se o Rio de Janeiro – a rigor, a única cidade digna do nome no Brasil da época. Não há como explicar a sofisticação de Nepomuceno, que supõe certas soluções da cultura ocidental, senão como uma simbiose com o mundo que o cerca. A maior evidência disso é o seu republicanismo. Em música foi um dos introdutores da cultura germânica no Brasil, cumprindo na sua especialidade o que Tobias Barreto fizera em relação à literatura e à filosofia.[12]

Não foi um germanófilo gratuito ou excêntrico, nem exclusivista. Na medida em que valoriza a escola alemã e a francesa, chega à música pela ótica destas, e não mais pela escola italiana. Escreveu boa parte de suas canções em alemão e outra boa parte em francês, antes de assinar algumas peças em português. É provável, entretanto, que não ousaria nunca escrever obras em vernáculo se não tivesse se exercitado nas línguas alemã e francesa. É o outro traço desta ambiguidade típica dos nacionalistas. Não é por ignorar as escolas que surgem os nacionalistas, mas por conhecerem o outro lado da moeda que quase todos chegam ao nacional. Não há dúvida de que nisto tudo há também o culto da técnica como tal. Por se exercitar na amplidão do panorama musical de sua época, Nepomuceno não nega seu republicanismo – ao contrário, aprofunda-o. A República, consoante os militares e intelectuais que a apoiam, está indissoluvelmente ligada ao mundo do progresso e do desenvolvimento industrial; é um exercício de universalidade. Mas por isso, também, exige a contrafacção do nacionalismo, do reconhecimento do terreno através da técnica, que é o acesso ao mundo para dominá-lo. Os conhecimentos das técnicas composicionais são extremamente úteis, mas são também fundamentais, para o objetivo imediato que visa à transformação do meio ambiente. Assim, a frase de Nepomuceno segundo a qual "não tem pátria um povo que não canta em sua língua" põe em relevo uma ideia importante: de que a pátria só existe na identificação entre os que a compõem.

---

[12] O título, talvez, caiba a Miguez, o wagneriano.

Não se trata ainda de idealizar a pátria como um só povo – mas de um só povo porque canta na mesma língua. Pode-se conjecturar que Nepomuceno pensaria adiante num povo que não apenas cantasse no seu vernáculo, mas que o fizesse para alcançar o ideal de cantar um só canto. O objetivo é o de unificação nacional, algo que soava familiar aos republicanos que lutaram em Canudos – contra os objetivos "separatistas" dos seguidores de Antônio Conselheiro. Até nisto, Nepomuceno seria seu tempo e suas ideias: na luta por uma identidade nacional, que é a resposta da República a um Império que tinha principalmente no representante "divino" da figura do imperador a identidade única de "um só trono, um só povo, um só Deus". A resposta republicana é mais sutil, mais realista, a seu modo: no canto em vernáculo o povo encontrará sua "patrialidade".

As reações às ideias de Nepomuceno foram compreensíveis. Oscar Guanabarino, o melhor crítico musical da época, repudiou tanto o canto em português – a língua portuguesa não se adaptaria ao *bel canto* – quanto o nacionalismo radical. Ao compor a *Galhofeira* Nepomuceno teria introduzido a música de negros (maxixe) nos salões e nos teatros da alta sociedade. Aqui, novamente, entrechocam-se duas visões do mundo. Na medida em que Alberto Nepomuceno insiste na assertiva de que "não tem pátria um povo que não canta em sua língua", contrapõe-se à ideia hierática do Império, onde o povo compõe o corpo mítico da Nação, sendo o imperador a sua cabeça. No Império o povo participa do poder na obediência ao governante; na República é o povo quem governa. É o povo a instância definitiva. Mas para tal tem de estar consciente de sua própria identidade. O republicanismo democrático supõe uma educação para o exercício da democracia. Uma educação que está na raiz até certo ponto também autoritária, que insiste na formação do povo, para se autogovernar. É preciso que o povo primeiro aprenda a cantar em sua própria língua para, então, ter uma "pátria". É a identidade que faz a pátria, e não a pátria que faz a identidade. A pátria existe nos interesses comuns da coletividade. E Nepomuceno, como artista que participa do projeto republicano, intenta mostrar ao povo os pontos de sua identidade.

Com tal visão entendem-se muitas das posições do compositor: a primeira delas refere-se a seu pedagogismo. Foi professor na medida em que isso representava a sua contribuição ao ideal democrático. E Nepomuceno não é o único a insistir na pedagogia. Todos os compositores do Rio de Janeiro na época, de uma forma ou de outra, são professores: Henrique Oswald, Francisco Braga, Miguez e vários outros.

A época é propícia. Os oficiais que lutam contra o arraial de Canudos – aparentemente um movimento antirrepublicano – trazem como divisa a ideia de que a educação é fundamental para o povo. E o positivismo que informa boa parte dos intelectuais da época, como Euclides da Cunha, propõe exatamente isso: é preciso educar para a democracia. Tal preceito persistirá em boa parte depois da República velha. Ainda hoje defende-se entre as elites brasileiras a ideia de que o povo deve ser educado para exercer a contento o direito do voto.

No caso da música, o positivismo tem o dom de suscitar entre os compositores – e refiro-me ao republicanismo imbricado em algumas ideias de Augusto Comte – uma curiosidade elogiável. O ecletismo da obra de Nepomuceno é isso: na *Sinfonia em Sol Menor* (1894) há um mundo bem maior do que em boa parte do que Carlos Gomes escreveu; a palheta de Nepomuceno, sem ser superior à de Carlos Gomes, é bem mais matizada de influências francesas, alemãs e italianas. O ecletismo revelaria em parte o fim do monopólio italiano e do operismo nas manifestações musicais do mundo – mas desvelaria também a polaridade musical que se instaura aos poucos no Brasil como prolongamento da pluralidade cultural. Assim, enquanto Nepomuceno representa o ápice de um processo musical que se amplia e que busca outros horizontes tanto na multiplicação das alternativas dos gêneros como nas várias escolas, em outros compositores a opção se dá a um nível bem menos amplo, atrelado a outros ideais que o republicanismo e a industrialização começam a provocar. Leopoldo Miguez, ao usar uma orquestra a três em *Parisina* – expõe um ideal de grandiosidade consoante o próprio paradigma wagneriano no qual se baseia; as ideias musicais se ampliam à pluralidade contraditória. É possível que Nepomuceno não tivesse em mente acatar a ideia sub-reptícia que existe no tratado de harmonia de Schoenberg, ideia segundo a qual o sistema tonal é apenas um procedimento, não uma lei imutável. Mas quando se propõe a traduzir a obra do compositor alemão para introduzi-lo na Escola Nacional da Música – tarefa que não chegou a concluir e que, infelizmente, não foi retomada por ninguém – colocava-se ao corrente do mundo em que vivia.

O didatismo dos republicanos é fundamental. Mas é fundamental também assinalar a atomização das atividades musicais que se opera no Brasil, a partir de um determinado momento. O grande surto operístico que se dá após 1843, e que irá condicionar toda uma geração, dura o suficiente para estimular toda uma série de experiências – inclusive a da paródia, como o fará Artur de Azevedo. Sem embargo, em *O Capadócio* é o *Trovador* que se submete ao olho crítico do escritor, enquanto em outros o operismo permanece como o ideal artístico por excelência. Seja como for, entretanto, com a criação de sociedade de concertos, tem-se já um público que aceita ouvir música sem a representação. Nos programas que se conhecem da época que se sucede ao surto operístico, encontram-se algumas obras não programáticas ou programáticas num sentido muito amplo, como é o caso da *Pastoral* de Beethoven, levada pela primeira vez ao Brasil a 21 de outubro de 1848. No mais, porém, são duetos e canções, todas evocando o mundo da ópera, que se torna conhecidíssima. Com a decadência do Império e a proclamação da República, as coisas se alteraram. E não apenas porque a ópera em vernáculo não tenha tido sucesso (o próprio Nepomuceno não se empenhou a fundo na questão). Mas porque o operismo a partir de um certo momento passa a perder seu exclusivismo para os melômanos da época.

No caso brasileiro, operismo e nacionalismo só existem numa relação de representatividade. A ópera nacional alemã, que é fundada por Karl Maria von Weber e continuada por Richard Wagner, ou a ópera tcheco--eslovaca representada por um Smetana, confundem-se em boa parte com o nacionalismo. *Boris Godunov* ou *O Galo de Ouro*, respectivamente, de Mussorgsky e Rimsky Korsakov são em boa parte óperas importantes – mas representam sob outros aspectos o ápice do nacionalismo musical russo. Enquanto na Europa ópera e nacionalismo são dois termos de um movimento que se confunde na busca de uma expressão nacional, no Brasil a tentativa ideológica consciente de tentar uma expressão local esvai-se na proeminência do *bel canto* italiano. Os compositores brasileiros, significativamente, não se arriscaram a fundo onde um brasileiro como Carlos Gomes foi tão longe valendo-se das fórmulas do operismo italiano; e não tentaram quebrar o monopólio italiano no setor. Todos os compositores, de Miguez a Francisco Braga, passando por Nepomuceno e, mais tarde, por Villa-Lobos e Mignone, todos escreveram óperas. Mas seus esforços esgotaram-se nas tentativas: o problema pode residir na dificuldade de conceituar um drama lírico dentro das condições sociais da época. A impropriedade de Carlos Gomes, tanto em *O Guarani* quanto em *O Escravo*, foi notável para os nacionalistas e para os compositores do fim do século passado, que, se não deploraram o italianismo do seu colega mais velho, não deixaram de considerar pouco convincente em termos nacionais o que Carlos Gomes colocou em ópera. Mas como resolver o problema?

NO RITMO BRASILEIRO

As coisas são complexas. Quando Nepomuceno introduziu em algumas de suas obras peças tiradas das danças nativas – como um maxixe na *Galhofeira* das *Quatro Líricas* ou o batuque da *Série Brasileira* – fê-lo com os riscos que Carlos Gomes não correu nem em *O Guarani*, nem em *Lo Schiavo*. Mas limitou-se à gestualidade expressa em tais obras. Não poderia introduzir o negro recém-libertado num drama que teria necessariamente de contar a sua tragédia. Já no fim do Império e princípio da República, o gestualismo africano é importante na definição de algumas danças, principalmente do Rio de Janeiro. Sem contar com o lundu – que tinha lá seus elementos europeus, mas que era sobretudo africano – Nepomuceno e outros nacionalistas sabiam que teriam de recorrer aos marginais para fazer a ópera nacional por excelência. O norte-americano George Gershwin, no nosso século, resolveu o problema fazendo um drama negro, com a ausência de conflitos raciais diretos. Os brasileiros não tiveram a acuidade para fazerem isso à sua moda. Se o tivessem, porém, certamente encontrariam uma resistência maior do que a que encontrou o compositor norte-americano. Gershwin foi esperto consoante a indústria da Broadway. Se tivesse insistido numa integração entre negros e brancos, enfrentaria uma oposição imaginável: *Porgy and Bess*; porém, conta uma história de pescadores com a comunidade negra enfrentando suas próprias contradições. Para o Brasil imperial e republicano a história de negros como uma exclusividade não poderia mesmo interessar. E se interessasse, seria numa dimensão ou numa complexidade que o Brasil da época não tinha condições de aceitar sem protestos violentos.

Mas o gesto é importante. Não sei se é possível definir os povos por seus gestos, mas foi o gesto do negro o aspecto básico de sua música e das danças que passaram a ser caracterizadas como nacionais. Não poderia ser de outra forma: na medida em que o negro traça sua sobrevivência, única e exclusivamente no trabalho físico, é no gesto, é na manifestação física de sua humanidade que ele impõe sua cultura. O gesto do africano foi fundamental para a dança – brasileira e latino-americana (cubana, colombiana e outras) – mas foi fundamental também para a música. Os ritmos afro-brasileiros nada mais são do que a temporalização dos gestos das danças.

A simbiose entre trabalho e ritmo é conhecida em várias latitudes, como no Japão medieval.[13] Na África, certamente, já seria um procedimento incorporado pelas diversas comunidades negras. Mas foi no trabalho escravo que o ritmo passou a ser coordenado num gesto febril de cadências quase hipnóticas, cujo resultado era a busca da minoração do sofrimento e do desforço numa dimensão quase onírica. Só a música e o ritmo hipnótico são catárticos, e só os ritmos que se repetem apenas com leves transformações são realmente hipnóticos. Não que a origem das danças e dos ritmos africanos estivessem no trabalho; os africanos – e de resto todos os povos – dançam além do trabalho, mas não há dúvida de que aqui o gesto do trabalho foi importante, e que o ritmo foi fundamental para a música que se lhe seguiu. A gestualidade das danças típicas impunha, portanto, a contrapartida dos bailarinos, ou antes, dos agentes e protagonistas destas danças. O gesto, no caso, vale para muitas outras atividades. Quando os locutores esportivos brasileiros dizem que os jogadores de futebol estrangeiros "não têm cintura", não se dão conta de que não se referem a uma particularidade física dos atletas, mas precisamente ao outro ritmo que os estrangeiros têm e que entre os brasileiros é diferente.

Na música este foi um dos aspectos mais importantes e notáveis. A contribuição do negro fez-se ao nível do ritmo, sem dúvida, mas fez-se geneticamente também, ao nível do gesto que se funde com o ritmo; Hans von Bülow dizia que no começo foi o ritmo, ao referir-se à música. É verdade – mas na gênese do ritmo está o gesto. No começo foi, realmente, o gesto.

Mas o problema do gesto deve ser entendido como tal. Se o gesto é a gênese do ritmo (embora não haja gesto sem ritmo) é a evocação daquele que provoca reações nesta. O que Oscar Guanabarino viu nos ritmos dos negros não foi aquilo que realmente Nepomuceno e outros

---

[13] O filme *Os Sete Samurais*, de Akira Kurosawa, mostra esta relação entre ritmo e trabalho – uma realidade que não era desconhecida no Japão Medieval.

nacionalistas fizeram – a transposição de um ritmo para a palheta de uma sinfônica ou a sua introdução nos teclados de um piano. A revolta pela coisa em si não é tão grande quanto a evocação ou a associação que com eles se faz. Assim como a "Olympia" de Manet provocou escândalo não por retratar uma mulher nua – mas pelo fato de que a mulher nua era afinal perigosamente igual às mulheres do tempo (e não às gregas que o academismo evocava) – também a evocação do gesto da música de caráter nacional repete um escândalo exatamente por reviver na gênese do gesto os processos produtivos, a cultura e principalmente a postura do homem do povo. Sem dúvida, o homem do povo sempre fez parte da arte. Em Mozart, "Fígaro" ou "Leporello" são, à sua maneira, homens do povo – mas vistos sob a gestualidade do aristocrata. Em Mozart o gesto é sempre um maneirismo, ainda que por tal se deva ler também uma gestualidade reflexiva – que não raras vezes põe em causa a própria ação, o próprio movimento (compare-se, aliás, o gestualismo de Beethoven e de Mozart e se terá a dimensão exata da diferença entre suas expressões).

No caso do nacionalismo brasileiro, Nepomuceno não foi às últimas consequências. Quanto a Villa-Lobos, aprofundou o problema – mas também limitou-se. As razões para isso podem ser explicadas na vivência que ambos tiveram – mas também é, como no caso de Villa-Lobos, a informação a mais que faltou a Nepomuceno. Em *O Batuque*, em seu ritmo fortemente binário, sobrevém constantemente a gestualidade negra nas célebres sincopas, mas a gestualidade fundamentalmente produtiva, essa só existe em outra dimensão. Que Nepomuceno não se preocupou em detectar.

De qualquer maneira, a reação ao nacionalismo musical explica-se sob muitos aspectos, e a evocação do gesto certamente é um dos que mais chocou o estamento. Nas cartas em que alguns estrangeiros se referem às danças dos escravos do século passado a tônica é sempre a mesma – "a indecência do gesto", ou antes, a estranheza do gesto insólito advindo do próprio sistema de produção do escravo. A música "civilizada" tinha naturalmente de se chocar com uma manifestação que de um certo modo era denunciadora: representava na forma maneirada da música do branco a realidade do trabalho escravo.

Não que o trabalho escravo pudesse ser dignificado a ponto de ser transformado em arte. O gesto que origina o ritmo tem muito a ver com a cultura pré-americana, como disse; mas é também a alternativa do gesto dos bem-nascidos de então. Ou seja (e principalmente), sob o ponto de vista do homem civilizado, na gestualidade sexual da dança esconde-se indubitavelmente o aspecto mais franco do ato em si; no caso da dança dos escravos, era a sexualidade que tinha de transparecer. A sexualidade do escravo não é fundamentalmente diferente da do homem livre – mas comparece em grande parte nas suas manifestações de forma mais aberta, mais próxima do ato em si. A sublimação vale apenas para tornar o ato mais reivindicativo, mais forte. Neste, o sexo é o ápice da dança; no homem civilizado é o disfarce – a sua sublimação. Mas por ser a feição do ato reprodutivo, é também o gesto reprodutivo elevado a sua forma social.

Em termos brasileiros, não houve simplesmente a transposição da música do escravo para a música de concerto. Embora o Brasil tenha sido um dos últimos países do mundo a conceder a libertação da escravatura, a sociedade escravagista da época da abolição já tinha se diluído em parte, enquanto forma predominante de produção, principalmente em estados mais desenvolvidos. Mas a semiescravidão persistiria. E com ela, naturalmente, as formas do gesto sublimado.

Para todos os efeitos, não é a música "popular" apenas que escandaliza os contemporâneos dos primeiros experimentos nacionalistas: a modinha popularizada foi suficientemente divulgada em vários níveis da sociedade da época para que a questão não chocasse tanto. O que realmente conta a partir de um determinado momento é a gênese desta música – não tanto sua origem social, de uma sociedade extremamente hierarquizada, e com um grande contingente de escravos, mas todos os processos produtivos que se depreendem daí. E no processo produtivo sobrevêm todos os seus ingredientes: da gestualidade do trabalho à gestualidade sexual.

Isto está longe de ser um fenômeno apenas brasileiro. A transposição de danças para os salões da música europeia provocou também algumas reações previsíveis, principalmente em países fortemente influenciados pela música alemã, com suas formas puras. Dvorak, Smetana, Grieg e outros, mesmo quando acordam nas formas ditas meramente musicais como sinfonias e concertos reportam-se sempre às danças e à gestualidade destas com todas as suas implicações. Por isso, também, a recorrência aos poemas sinfônicos cuja "invenção" Liszt atribui a Berlioz.

Trata-se de um dos aspectos mais interessantes, pois a recorrência ao aspecto anedótico na música implica a ampliação de suas probabilidades e da gestualidade primitiva que de outra forma não poderia entrar na obra. Quando Berlioz introduz uma "valsa" na sua *Sinfonia Fantástica* incorpora à sua música um elemento sensível, conceitual, que tem a ver com a possibilidade de que o grande público "veja" a música sinfônica como faz com a ópera; mas introduz desta maneira também o elemento popular gestual nas obras sinfônicas.

Não sei se é possível se depreender daí apenas a relação que passa a existir entre as atividades artísticas e a emergência do fator "povo" nos novos tempos que se seguem à revolução de 1789. Isso sem dúvida existe; mas existirá, certamente, na dimensão em que o espetáculo público, o concerto "pago" pelas multidões, deve conceder ao mundo destas multidões. Há uma linha muito nítida a ligar Berlioz, Meyerbeer, Liszt, Wagner, Verdi e outros nesta tentativa de captar a atenção do público em função do anedótico da música. A discussão quase infinita entre músicos "puros" e músicos que concedem aos aspectos anedóticos da música é sintomática: para uns e outros o problema do público é fundamental. Na medida em que a música existia para uma classe que via nela um mero divertimento, bastava o alvará do príncipe ou do nobre para que a música prescindisse do julgamento público. A carreira de uma obra não se encerrava na indiferença pública, nem se iniciava na sua consagração. A enorme produção de Mozart e de Haydn reflete bem o nível de consumo da nobreza da época. Mozart, com suas quase 700 obras, produziu o suficiente para que a nobreza pudesse ter a música do mestre para suas reuniões. Os emolumentos pagos aos músicos para as obras encomendadas não supunham que ela fizesse sucesso. Não era um investimento; este só começa a acontecer com a emergência da ideia do lucro a partir da produção industrial. Por isso Liszt, Berlioz, Meyerbeer e outros.

Quando Beethoven numa carta a seus editores reclama que o músico deve ganhar bem, fá-lo, sem dúvida, para reivindicar melhor pagamento para a sua produção. Mas concede-se à nova função que o artista adquire, de participar do mundo dos negócios com todos os riscos possíveis.[14] Sintoma disso é a criação de "sociedades de concertos". Enquanto a nobreza

---

[14] Vale a pena transcrever a íntegra da carta de Beethoven: "Aos editores Breitkopf e Haertel:
O sr. me pagou 50 ducados por um quinteto. Quer agora que eu diminua minhas pretensões ao invés de aumentá-las, censura que, eu espero, não se estenda à minha arte? Ainda que ao câmbio atual o ducado equivalha a mais florins do que antes, isso não me dá mais vantagens em nada. Atualmente, nestes atuais tempos de guerra em Viena, pagamos 30 florins por um par de sapatos e 160 por um cozinheiro. A economia musical que vá para o diabo! Os meus quatro mil florins do ano passado não valem hoje mais que mil. Não tenho desejo de me tornar um agiota musical que só escreve para enriquecer. Deus me livre! Mas eu gosto de uma vida independente. E para isso é preciso que eu tenha uma pequena fortuna; os lucros de um artista devem ser honrosos como tudo o que lhe passa pelas mãos.

detém os meios financeiros e o poder político para manter a sociedade nos níveis em que a produção se limita a um mercado estreito, o mercado da música destina-se, de fato, a alguns poucos. Quando, porém, o mercado se amplia, os investimentos já não podem ser privados, uma vez que o músico passa da categoria de prestador de serviços a nível doméstico para produtor a níveis de massa.

O poema sinfônico, neste sentido, é *alter ego* orquestral da ópera romântica com todos os seus ingredientes: do anedótico ao gestual. O que a crítica vê em Berlioz é a extravagância, e o compositor foi isso também; mas o que Berlioz possui de modo altamente desenvolvido é o sentido do espetáculo numa época em que a música abandona os salões da aristocracia para disputar na bilheteria um lugar no mercado. Berlioz alimenta, a seu modo, a paranoia do sucesso. Quando faz a crítica da estreia de suas obras não titubeia em falar em "êxito estrondoso" e na impressão que o espetáculo causou em seus ouvintes.[15] A ambição de Liszt foi a de ser um virtuose no piano igual ao virtuose Paganini com tudo em que isso pudesse implicar, já que o virtuosismo é, em si mesmo, o espetáculo musical por excelência. Quando Adorno[16] faz menção ao gestualismo que existe na música de Wagner, um gestualismo feito para o regente, reporta-se apenas a Wagner – mas antes dele o gestualismo já existia, e para que o público o apreciasse como espetáculo que se acrescentava à música. São os aspectos extramusicais que se incorporam à música como tal, e que se lhe adicionam como decorrência dos tempos – e não como mera elucubração de meia dúzia de intelectuais desvairados ou de músicos de grande imaginação.

É notável, porém, que isso tenha chegado à América já como parte do espetáculo operístico, ou antes, como decorrência dele e jogado no mesmo contexto. Com efeito, as razões que levaram Leopoldo Miguez a compor poemas sinfônicos – tanto ele quanto Francisco Braga – ligam-se, sem dúvida, à necessidade de legitimar o gesto como tal. A gênese do poema

---

Não ousarei dizer a ninguém que Breitkopf só me pagou 200 por essas obras. O senhor, que é um editor de música bastante superior e mais humano do que os outros, deveria ter a espontânea ambição de não pagar tão mesquinhamente aos seus artistas, a fim de lhes permitir produzirem o que está neles e o que deles se espera... Eu queria provar-lhe que gosto muito de trabalhar consigo, com a sua cabeça (porque nada sei de coração) e que estou mesmo disposto a perder qualquer coisa para manter as nossas relações. Mas não posso aceitar menos que 250. É a minha última palavra. *Ludwig Van Beethoven* (Citado por Emil Ludwig, *in Beethoven*, Editorial Aster, Lisboa).

[15] *Mes Mémoires*, Hector Berlioz, Editorial Schapire.
[16] *Essai sur Wagner*, Theodor W. Adorno, Gallimard.

sinfônico é a incorporação do gesto e do espetáculo além do espetáculo musical como tal: não seria pela música abstrata *à la* José Maurício que os compositores que na República estão com 30 anos aproximadamente poderão conquistar o novo público.

Assim, o que explica o grande número de peças programáticas no repertório dos compositores do fim do século passado tem muito a ver com as formulações de Liszt. *Marabá*, de Francisco Braga, *Parisina*, de Leopoldo Miguez, são peças de programa que nada têm a ver com a estrutura formal rígida da música "pura". Não deixa de ser uma formulação nacionalista. Seria bem mais fácil escrever na "língua" que Nepomuceno pregava a partir dos poemas sinfônicos do que nas sinfonias clássicas. Para o complexo do nacionalismo, portanto, confluem várias correntes. A primeira delas é social, política e econômica: a identidade nacional confunde-se com o surgimento de uma classe que de um modo ou de outro tem alguma coisa a ganhar com a consciência necessariamente proselitista da existência de uma nação com todos os seus valores. A grande corrente nacionalista que acomete o país após a independência repete-se nos primórdios da República e se confunde com o esforço de industrialização: arrola-se na tentativa política de fazer do Brasil uma grande nação consoante os estratos mais lúcidos da sua vanguarda política e econômica. A outra corrente não é menos importante e decorre desta, mas possui relativa autonomia de voo; refiro-me à identidade que vem de baixo para cima que se confunde com o aforismo de Nepomuceno, segundo o qual o povo deve cantar em seu próprio idioma. Aqui o nacionalismo é menos uma ideologia oficial, um esforço subsidiado de superar as estruturas econômicas arcaicas, e mais a descoberta de que a nação existe como valor antes do surgimento do nacionalismo. No primeiro caso, a nação vale enquanto representa a si própria como modelo que concorre para o padrão internacional, mostrando-se como "nação civilizada". Na medida, pois, em que se pauta pelos padrões internacionais, tanto mais a nação será louvada; noutro aspecto, entretanto, é precisamente a sua diferenciação que a fará única, intransferível, perfeitamente distinguível perante as outras nações. Carlos Gomes representou os valores nacionais precisamente enquanto obteve sucesso num gênero em que não se diferenciou dos demais compositores do tempo. Nepomuceno e Francisco Braga não levaram ao outro extremo sua contribuição. Mas não há dúvida de que o fizeram por se distinguirem, por serem diferentes de outros compositores. Claro, Carlos Gomes não foi nacionalista nem se proclamou isso; mas representou o país perante as outras nações; valeu para seus contemporâneos como representante típico de um Brasil "civilizado"; se outra coisa Nepomuceno reivindicou para si foi exatamente o ser distinto do resto, sem ir muito além, evidentemente. A nacionalidade, no caso, não poderia nunca ser uma marca de rebeldia com todos os parâmetros que distinguissem a música brasileira do resto. Haveria que ousar muito mais, abandonando, inclusive, o sistema tonal como princípio básico. Com exceção de Villa-Lobos, porém, nenhum dos compositores nascidos no século passado foi tão longe. E na incorporação do poema sinfônico quase todos tentaram a busca de uma realidade que ficasse próxima da gestualidade do dia a dia dos brasileiros, ou daquilo que eles entendessem como tal.

A questão que surge a propósito da gestualidade refere-se à sua estratificação no social. O nacionalismo, enquanto também transposição do gesto produtivo, nasce evidentemente de uma realidade social – mas de uma realidade em que os componentes já estejam perfeitamente inteirados, ou de um modo ou de outro inseridos numa dinâmica social em que tenham um papel atuante. O gesto social instaura-se na sociedade a partir do momento em que desempenha um papel produtivo, mas dentro de um contexto em que pode ser incorporado pelo resto da sociedade. Não foi o nacionalismo que criou o gesto produtivo, acoplando-o à música; foi o gesto produtivo que se impôs num contexto em que poderia ser aproveitado à larga. Seria ocioso querer que a cultura negra tivesse um papel relevante durante a Colônia. A evasão de divisas para a metrópole criou poucas condições para que os colonos tivessem do seu país uma visão clara e reivindicante. Enquanto o Brasil permaneceu um Estado dependente, a visão nacionalista tinha de se limitar à mera independência política; após a independência, porém, com toda a crise que se instaura no Brasil com o endividamento e as dificuldades normais de uma nação recém-saída dos liames com Portugal, era natural que o Brasil ficasse nas próprias mazelas. Já no segundo Império, contudo, e principalmente depois da República, a questão que se põe é mais importante e corre paralelamente à independência econômica. E é aqui, precisamente, que o gesto produtivo assume seu caráter nacional, algo que toda a sociedade passa a vislumbrar como um esforço comum em direção a um futuro cantado como "liberdade, liberdade, dá que ouçamos tua voz", conforme o hino de Leopoldo Miguez.

Seria difícil, na verdade, que sem a abolição houvesse manifestações nacionalistas dentro do que se propuseram os primeiros ideólogos do movimento. O gesto escravo seria certamente importante e produtivo – mas não conseguiria muito.

Nesta medida, é importante registrar o crescimento econômico do Brasil a partir da segunda metade do século. A primeira temporada lírica em muitos anos se dá em 1842; pouco antes, em 1840, dom Pedro II ascendera ao poder: a agitação do período regencial cede ao desenvolvimento geral do país. O café, que se transforma na cultura do braço livre (já que a mão de obra escrava era pouco lucrativa), inicia sua marcha para o sul a partir da sua chegada ao Rio de Janeiro na década de 30. São fatos que, de um modo ou de outro, recondicionam o conceito de trabalhador braçal. Do escravo ao trabalhador livre há uma distância que de qualquer maneira beneficia o primeiro: se o negro, em teoria, produz tanto quanto o imigrante, dê-se ao negro seu valor.

O contexto é positivo e a música infiltrada pelos escravos passa a exercer o papel que ela teria mais tarde na definição do perfil musical do Brasil. Isso não teria sido possível se a escravatura permanecesse como fator primordial da economia brasileira. Ou seja, é compreensível que do *Schiavo* de Carlos Gomes (que se escondeu na pele bronzeada de um índio) a música evoluísse não apenas para uma expressão em que o escravo fosse o protagonista, mas que a sua música mesma assumisse a feição negra para se tornar, com isso, nacional. Evidentemente, as síncopas já tinham se incorporado às manifestações musicais do tempo – mas os escravos só concorreram de modo decisivo para o desenvolvimento da música brasileira a partir do momento em que passaram a ombrear (em teoria, repito) com a mão de obra livre. O escravo liberto abre os salões para seu gesto e Nepomuceno sabia disso ao fazer seu *Batuque* – que não foi evidentemente o único vestígio a mostrar que o negro saíra do anonimato de suas manifestações para impor seu gesto.

Seja como for, é o papel produtivo qualitativamente transformado que dá ao negro um *status* que ele até então não possuía. O gesto negro nunca teve importância para países em que o caráter da sua produção não se impôs como fator fundamental para a economia e num contexto em que esse caráter assumisse uma feição meramente quantitativa.[17] Caio Prado Júnior observa que as leis da escravidão foram no Brasil bem mais brandas do que algures. A miscigenação, de fato, aconteceu aqui em grau bastante maior do que em outras colônias. Na medida em que Portugal sofreu os reveses de sua população pequena em relação à enormidade do Império colonial, nada mais compreensível que procurasse colonizar.

---

[17] O exemplo é a África do Sul.

Também através de uma atividade sexual indiscriminatória. A gestualidade africana já estaria nos usos e costumes de boa parte dos mulatos gerados pela colonização sexual; mas a música negra – ex-escrava – entrou no contexto brasileiro a partir da mudança do caráter da mão de obra escrava para o braço livre. O ex-escravo teria de ser de alguma forma assumido oficialmente – já que extraoficialmente isso acontecera e não apenas devido à importância que a escravidão possui no Brasil colonial ou no Brasil independente.

Há precedentes também na atitude de Nepomuceno. Embora no Brasil o positivismo assuma caráter religioso com todas as exigências de Augusto Comte, não há dúvida de que o cientificismo foi fundamental para muitas coisas, entre elas o estudo do folclore.

O REPUBLICANISMO E A MÁGICA

Disse algures que é próprio da visão cientificista o historicismo e vice-versa. Disse também que não se podia estranhar que um republicano convicto como Nepomuceno não tivesse perante o seu país uma atitude em tudo "científica". São ilações óbvias; o que não é tão óbvio é que o positivismo confessional tenha sido a forma extremada que o cientificismo assumiu como decorrência da tentativa de reinventar o Brasil nos termos em que colocavam o país os republicanos convictos. A tentativa de Euclides da Cunha em explicar epopeicamente o Brasil pela gênese do homem através do estudo biológico, genético de sua formação, comboiando à sua teoria todo o amplo espectro do que o escritor considerava "científico", não destoa de modo algum da atitude dos outros intelectuais da época. Certo, Machado de Assis não intenta a justificativa dos homens através da ciência. Mas seu realismo é muito sintomático. Mesmo não insistindo na abordagem científica, fica claro que tenta descrever o real da forma mais "imparcial" e "objetiva" possível. De parte dos românticos, isso é muito claro, pelo menos no que concerne ao historicismo – José de Alencar ao valorizar a "história pátria" recorre aos fatos históricos. As teorias literárias e as abordagens históricas da literatura feitas pelos críticos militantes não deixam a seu turno de revelar essa tendência geral, que, aliás, na música chega mais tarde – mas de uma forma que a literatura só iria experimentar nos primórdios do século, através do uso da linguagem popular.

O cientificismo, de qualquer modo, permeia toda a vida intelectual da República; e quando um dos primeiros historiadores da música brasileira fala em "leis científicas" a propósito da harmonia ou das "leis eternas" a propósito da arte, não faz mais do que repetir a crença generalizada de que a música e as artes são regidas cientificamente. O cientificismo, porém, serve a muitas ideias: das reacionárias de Guanabarino às progressistas de Nepomuceno.

Há vários aspectos a registrar na obra de Nepomuceno. Quando falo do universalismo de sua obra, não me refiro apenas a sua postura científica perante a realidade, ou antes, ao seu interesse pelas manifestações espontâneas. Enquanto Carlos Gomes e José Maurício não veem o passado senão como um nebuloso repositório de conhecimentos, Nepomuceno interessa-se pelo passado nacional com uma postura tipicamente historicista. A história tem um sentido: por isso o interesse pelas manifestações espontâneas (o folclore) e o esforço de recuperação da obra do padre José Maurício. Mas as coisas vão muito além: a própria cultura adquirida por Nepomuceno é sumamente importante. É típica do século.

Quando os críticos e musicólogos contabilizam as influências de Liszt, de Meyerbeer e de Weber sobre Wagner, fazem-no para registrar o problema da originalidade; Wagner seria único na medida em que transformasse ou não essas influências mais ou menos óbvias. O que muitos se esquecem de registrar é que tanto Wagner quanto Liszt tinham de ter diante da ideia da história uma abertura que Beethoven nunca possuiu. Deste último se registram manifestações que lembram Haydn e mesmo Mozart, seus predecessores imediatos, ou de Clementi, ou ainda de Rossini, seu contemporâneo. Em Richard Wagner ou em Franz Liszt, as coisas não são tão simples. As influências são desdobramentos de suas próprias convicções. O ecletismo de Wagner é uma decorrência de sua visão histórica, ou antes, do historicismo que acompanha sua visão. As influências não viriam apenas como contribuição mais ou menos conscientes; seriam a resposta ao multifário da realidade musical relacionada com a polaridade dos novos tempos em todos os sentidos.

Ao se deplorar o atraso da música brasileira em relação ao resto do mundo, não se leva na devida conta exatamente este aspecto: na realidade do país recém-libertado muito dificilmente haveria lugar para o ecletismo multicolor e para a resposta progressista diante do mundo. A monocultura e o escasso industrialismo com a tímida divisão do trabalho não poderiam redundar numa arte que fosse por sua vez multifária, contraditória, ou poliforme. Na Europa, não: na medida em que a sociedade capitalista avança, definem-se e multiplicam-se a divisão do trabalho e, obviamente, as visões do mundo. Este o caráter progressista de Nepomuceno.

Nas influências que recebe de Wagner, de Liszt ou de Grieg, ou ainda de Schumann (ou mesmo de Verdi), como na *Suíte Antiga*, há um ecletismo que responde em parte à divisão do trabalho operada com o primeiro surto industrial estimulado pelo Estado durante a época do "encilhamento" e, mais tarde, com o desenvolvimento "forçado" do período da guerra de 1914 a 1918. Em suas últimas canções para orquestra e soprano de 1920, por exemplo, a temática é nacional no canto em vernáculo e no assunto intimista (*Amor Indeciso*), ou na recorrência ao folclore (*Jangada*). Mas no cromatismo e na orquestração de *Amor Indeciso* há a presença de Wagner e de Liszt: a contribuição, aqui, se faz na busca do oposto do que o nacionalismo teoricamente pregaria. Nepomuceno recorre às conquistas europeias que por sua vez espelham o mundo do progresso e das contradições que este progresso enseja. Ao transportá-los para o Brasil, o compositor coloca-se à frente de seu mundo ou, antes, reconhece-o num certo sentido, para além do que seu mundo objetivamente está fazendo.

Nepomuceno não está à frente dos compositores europeus da época. Nunca abandonou o sistema tonal e só deve ter concordado em parte com a relativização da tonalidade nos termos em que a coloca Schoenberg, cujo *Tratado de Harmonia*, como já disse, principiou a traduzir para introduzi-lo como obra didática oficial da Escola Nacional de Música. Suas mesmas canções para orquestra e soprano demonstram um músico que na Europa da década de 10 e 20 deste século seria considerado conservador. Algumas das obras mais radicais que o mundo conheceu são do início do século.[18] Em Nepomuceno, a linha melódica tonal é nítida, recortada nos moldes do romantismo dos fins do século XIX. Antes da segunda década do século XX, entretanto, já Bela Bartok, Schoenberg e Stravinsky tinham composto obras tipicamente contestadoras nos termos do tonalismo clássico. Nepomuceno arranha de leve esta tintura do academismo clássico ao incorporar Wagner, Strauss e Grieg a seus achados. Certamente por essa razão foi esquecido pelos modernistas – mas certamente foi esquecido também por ter sido quase contemporâneo de todos eles e por ter sido o maior nome da música nacional como diretor do Instituto Nacional de Música.

A questão do nacionalismo deve ser vista em termos, isto é, nos termos de sua própria limitação enquanto projeto modernizador. O nacionalismo brasileiro nunca passou de um esforço de modernização

---

[18] *Allegro Barbaro*, de Bartok, é de 1911; *Pierrot Lunaire*, de Arnold Schoenberg, é de 1912; e em 1913 estreia *A Sagração da Primavera*, de Stravinsky.

nos parâmetros em que o Brasil seria modelado à imagem e semelhança dos países desenvolvidos. Inclusive – ou por isso – também sob o ponto de vista musical. Não é o que acontece em outros países, ou mais precisamente com Bela Bartok na Hungria. Enquanto para Bartok o nacionalismo implica uma ruptura com o cosmopolitismo cigano (e por extensão "universal") que durante anos se confundiu com o folclore húngaro, no Brasil o folclore passa a ser submetido à visão cosmopolita, fundamentalmente urbana, de seus compositores.

A questão vai longe. Mesmo modernamente, são raros os compositores que não reagem ao modalismo da música popular, conforme um princípio que transforma tudo através do uso da tonalidade. O nacionalismo brasileiro foi menos um movimento de independência cultural e mais um processo de adaptação. O que importava não era a expressão nacional, mas a adaptação desta àquela aceita como tal nos países desenvolvidos. Nossa modernidade só poderia ser alcançada a partir da tradução de nossa matéria-prima em expressão que pudesse encontrar reconhecimento no exterior. A escola de Camargo Guarnieri, que reivindica o uso do modalismo, nada mais faz do que ampliar a modalidade ao sistema tonal – ainda que devidamente "modernizada" dentro de um contexto "politonal". O modelo imediato deste nacionalismo, logicamente, foi Villa-Lobos. Mas o modelo remoto, ideológico, digamos, foi mesmo Nepomuceno.

Cabe por isso uma anotação. Não parece que o mundo tenha sido construído em seis dias; a Bíblia nem sempre tem razão e não parece que tenham razão os que veem no movimento nacionalista toda uma tendência de interiorização do Brasil dentro de si mesmo. Isso aconteceu na medida da criação da oferta do que o Brasil deveria desenvolver – não numa postura ensimesmada, que buscasse o mundo brasileiro numa radicalidade absoluta. A música brasileira, enquanto forma organizada, nunca passou além das grandes cidades. Foi sempre uma música urbana, inclusive na adesão incondicional ao cosmopolitismo do sistema tonal. As incursões que Villa-Lobos e Guarnieri fazem ao mundo caipira, ou sertanejo, imitando neste gesto seu antecessor imediato, Alberto Nepomuceno, traem sempre a mesma tendência de supervalorizar o próprio sistema adotado (tonal) em contraposição com o que encontram e o modalismo saído da música eclesiástica. Ainda hoje determinadas manifestações folclóricas (e o *ainda* fica por conta exatamente do processo urbano altamente acelerado na década de 70) persistem num modalismo que nada tem a ver com o sistema tonal: sucessão de quartas e quintas, seguindo-se a terças maiores e menores que certamente conduziriam à tonalidade. Mas não: parte de algumas duplas caipiras do Sul e de tocadores de pífanos do Nordeste, usam, sem dúvida, intervalos de terças quando tocam juntos; mas enveredam conscientemente para quintas e quartas paralelas que intencionalmente supõem um outro mundo, que o da tonalidade. Mas em função do que tanto Villa-Lobos como Guarnieri fizeram, parece que tais duplas caipiras (ou "sertanejas") nunca existiram e que chegam a intervalos de quartas e de quintas justas por pura incompetência, ou por problemas mecânicos nos pífanos. Não é verdade: a busca deliberada de determinados intervalos que não condicionam modulações típicas do sistema tonal propõe uma música que nas pegadas do que fizeram os camponeses húngaros teoricamente só poderia ser reinterpretada num contexto muito mais radical – desde que preocupado em ser mais nacional do que o "nacional cosmopolitismo" pregado pela grande maioria dos chamados "nacionalistas", *soi disant* herdeiros de nossas mais legítimas tradições.

Não é uma história de culpados, evidentemente. Nepomuceno não se posta na berlinda apenas por não radicalizar. Antes de sua proposta, subsiste como *diktat* determinante de suas opções a sociedade brasileira como um todo.

Ainda o exemplo da música húngara parece muito sintomático. Enquanto perscrutado por cosmopolitas típicos, dos quais o mais cosmopolita teria de se definir na figura de um Liszt, era natural que o folclore húngaro se confundisse com o nomadismo cigano. Os ciganos, por seu modo de ser, submeteram logicamente as manifestações folclóricas de alguns países ao amaciamento das condições específicas da musicalidade europeia do século passado. Ao fazerem um tipo de música que poderia ser escutada sem estranheza no resto da Europa, os ciganos apenas confirmaram sua condição de homens do mundo; ao preencherem o que deles esperava o público, por sua vez também "cosmopolita" da Europa burguesa, levaram um pouco da música camponesa húngara aos vizinhos europeus – mas arredondaram-na o suficiente para fazê-la também aceitável. Foi isso, afinal, que Bela Bartok descobriu, e foi isso, em suma, que fez da sua música o que é.

As diferenças existem, sem dúvida. Não é preciso inquirir sobre o processo de desenvolvimento da Hungria para identificar aqui o oposto do que poderia ter acontecido lá. Num Brasil gigantesco seria bem mais difícil encontrar as raízes que se perderam. Villa-Lobos precisou de três anos para varar o país quase de ponta a ponta; foi esse o seu "alimento" espiritual. Mas enquanto Bartok percorre o interior da Hungria, da Romênia e de outros países da região como etnólogo, Villa-Lobos faz de sua viagem uma peregrinação de músico ambulante, à cata menos de ideias do que do sustento para uma existência mais ou menos boêmia. Isso sob o ponto de vista individual; pensando exclusivamente no problema do gigantismo brasileiro e da sua própria estrutura, não há dúvida de que a questão é bem mais complexa. A começar pela ideia de métodos, que mesmo entre os modernos musicólogos brasileiros ainda não encontrou muita guarida. Refiro-me à etnologia e à antropologia, matérias que mal roçam os estudos folclóricos – estes, sim, devidamente acoroçoados.

A culpa não é, certamente, e ainda mais uma vez, dos músicos brasileiros ou dos raros musicólogos dignos do nome. O esforço do cientificismo se dá na amplitude de uma proposta muito grande e positivista para que não chegasse à estrutura dos países mais desenvolvidos, onde matérias específicas fazem o especialista.

Observa, a propósito, o folclorista Rossini Tavares de Lima, que Villa-Lobos nunca se aprofundou verdadeiramente no folclore. Seu interesse nessa área limitou-se à "oitiva". Como chorão que foi, Villa-Lobos escutou o bastante para integrar principalmente canções-de-roda a sua música. Quanto ao folclore, porém, ficou no Rio de Janeiro, algo no Nordeste, mas principalmente nas canções-de-roda do perímetro urbano de sua cidade.

Em qualquer compêndio de música contemporânea, aliás, lê-se sobre Villa-Lobos o que seus defeitos normalmente induzem: que fez uma música caótica – ainda que poderosa; que foi um orquestrador redundante – ainda que extremamente capaz; e que nunca limitou sua inventiva em prejuízo evidente da qualidade de sua produção. As observações restritivas ficam por aí. Há um consenso de que Villa-Lobos é a maior figura da música latino-americana, ou pelo menos a mais prolífica e indubitavelmente a que maior sucesso obteve no exterior.

Contudo, persistem alguns equívocos. André Coeuroy, comentarista francês considerado no Brasil e em seu país, dizia num livro já antigo que Villa-Lobos conseguiu captar a música inca em sua produção. A isso ajuntava que o compositor usara o folclore de todo o Brasil. Não esclarecia se, no caso, poder-se-ia incluir o folclore inca no Brasil. Não é um equívoco isolado: outro musicólogo, Eric Salzman, em seu categorizado ensaio sobre música contemporânea, afirma sobre Villa-Lobos quase o mesmo.[19] Talvez sua fonte fosse Coeuroy ou outro musicólogo menos familiarizado com a geografia. À falta de um mapa-múndi em casa, há

---

[19] Deve ser vista com reserva a afirmativa de Salzman de que a amizade com Milhaud foi muito importante para "acercar Villa-Lobos de Debussy e da moderna música francesa" ou de que sua música tem algo dos "Seis", e não estes de Villa-Lobos. *La Musica del Siglo XX*, Editorial Victor Leru, p. 132.

os que não se pejam em reinventar a geografia política. E nem é o caso de invenção, para ser complacente. "Ninguém está ao abrigo de uma silabada", dizia Eça de Queiroz, e isso certamente se aplica aos que tentaram dar uma visão literalmente global do fenômeno musical no século XX.

Enquanto a música ocidental se circunscreveu ao Ocidente europeu – com a posterior entrada da Rússia na história –, foi fácil aos europeus se situarem no tempo e no espaço. Compreende-se que as coisas tenham ocorrido desta maneira quando o continente americano se destacou. Mas Villa-Lobos é ainda um caso irresolvido, e não apenas para os musicólogos que confundem fronteiras, que não possuem mapas-múndi em casa ou que involuntariamente sigam a lei humana de uma "silabada eventual". Por ter sido o músico prolífico, não há dúvida de que se impôs por essa competência exclusiva de ter produzido tanto; e por ter produzido tanto e com a desigualdade inegável, não há dúvida também de que continua confundindo, e não apenas os estrangeiros.

A maior confusão talvez seja mesmo o problema do uso do folclore. Villa-Lobos usou-o. Mas quando o folclorista Rossini Tavares de Lima lembra que Villa-Lobos adotou quase com exclusividade as canções--de-roda das crianças e principalmente a música urbana do Rio da sua época, talvez não diga o principal: que Villa-Lobos adotou o melodismo, mas pouco, pouquíssimo dos procedimentos modais existentes no folclore das diferentes regiões do Brasil. A observação, de qualquer modo, é justíssima: o folclorista Villa-Lobos foi menos o folclorista à moda de Bartok, que se enraizou na totalidade do fenômeno folclórico, para ser mais o homem da música de consumo que em seu tempo já tomava uma feição própria na roda dos chorões do Rio de Janeiro. Talvez, neste caso, o termo música "popular" fosse mais adequado. Mas não há dúvida de que Villa-Lobos pouco contato teve com a música do Brasil rural. Não foram os camponeses brasileiros os alvos visados pela música de Villa-Lobos. Foi a música urbana, com todas as múltiplas influências que ela recebeu, o grande mote do compositor.

O debate não tem limites conhecidos. Mas quando se sabe que a cidade brasileira é o centro da criação artística brasileira da fase nacionalista, não há como negar o fato de que a vocação ocidental de um país de dimensões continentais como o Brasil confunde suas raízes artísticas com a própria direção comercial do país. A forma triangular do Brasil é muito indicativa: o país avançou para o oriente – mas tendo em vista o ocidente. Um dos poucos ciclos econômicos não organizados exclusivamente para a exportação é o do boi[20] e que provavelmente não existiu como fator predominante. É próprio dos países colonizados essa vocação para o exterior; o Brasil, porém, teve-a inclusive quando tentou a libertação sob a bandeira nacionalista. Pelo menos foi isso que aconteceu com a música. E principalmente com a música de Villa-Lobos.

Não caberia, talvez, pensar que a questão pudesse ser diferente. Tendo em vista a experiência de outros países, como é o caso já citado da Hungria de Bartok e Kodaly, o problema poderia ser discutido nas razões destas diferenças, ou, quem sabe, na realidade das personalidades diferentes de Bartok e Villa-Lobos. Ocorre que os fenômenos são o que são e é isso que importa. Quando Batista Siqueira apresenta como a principal razão do uso da tonalidade menor nas modinhas,[21] e por extensão, em boa parte da música nacionalista brasileira, a influência determinante dos modos eclesiásticos, não deixa de assinalar um fenômeno correto. Mas foi apenas no uso do modo menor que os nacionalistas urbanos se preocuparam em se aproximar da música rural. No resto, a música dos camponeses brasileiros continuou ignorada e na forma que já assinalei quando me referi a Alberto Nepomuceno: Villa-Lobos e todos os nacionalistas jamais esqueceram a tonalidade a despeito do modalismo – mesmo quando incursionaram pela tonalidade ampliada, ou pelo que se convencionou chamar um pouco apressadamente de atonalismo.

Não existe uma única fase na música de Villa-Lobos, isso é certo. No período que antecede à famosa Semana de 1922, o compositor está nos limites da tonalidade. *Rudepoema*, escrito em homenagem a Artur Rubinstein – ou como diz o próprio Villa (empregando um termo que não deixa de trair a adesão profunda ao mundo industrial, urbano, de sua própria ideologia) um "kodak" íntimo do pianista – é uma destas tentativas de aproximação do pluralismo do mundo industrial. Villa-Lobos se preocupa em buscar na Europa os modelos que o Velho Mundo apresentava como decorrência de seu próprio desenvolvimento. Daí o *Rudepoema*, daí o noneto, daí uma série de peças para piano todas devidamente relacionadas com o mundo contemporâneo. Mas daí também as obras mais concessivas que se farão à imagem e semelhança do outro aspecto deste modelo industrial e urbano, com a música mesmo dos impressionistas – ou principalmente aquilo que foi sendo devidamente

---

[20] Diz Clovis Melo *in Ciclos Econômicos do Brasil*, Laemmert: "No primeiro estágio da economia pastoril do boi, só se aproveitava para fins de exportação o couro".
[21] *Modinhas do Passado*, Batista Siqueira, Folha Carioca Editora.

industrializado. Não é por nada que Villa-Lobos se aproxima da música dos "Seis" na França, e não é por nada que, afinal, seja na França que o compositor irá buscar parte de seu estro.

São fatos. Mas não o seriam se, no fundo, Villa-Lobos não fosse o músico ligado aos chorões do Rio de Janeiro. Assinala Rossini Tavares de Lima a propósito da famosa viagem de três anos de Villa-Lobos pelo interior do Brasil – que o músico sem dúvida escutou muito. Mas escutou também, principalmente, a si próprio. Já disse: foi menos como folclorista que Villa-Lobos ocupou-se do interior e mais como músico ambulante que teve de tocar para sobreviver.

Uma coisa é certa: a música de Villa-Lobos acompanha de perto algumas fases do desenvolvimento brasileiro. No momento em que o Brasil faz seu grande esforço de substituição de manufaturas no período que vai de 14 a 18 – devido à guerra na Europa – sua música é contemporânea das propostas modernistas. O "kodak" íntimo feito para Rubinstein é acima de tudo o que a "kodak" significa: a marca Kodak (como de resto "Klaxon", a da buzina que faz de título da revista modernista), é o momento de abertura para o mundo da técnica, numa repetição à brasileira da postura semelhante que se dá entre os intelectuais dadaístas. São desta época as experiências de Villa-Lobos com vários tipos de "instrumentos" insólitos – relógios, máquinas de escrever. A postura dos brasileiros modernistas imita processos conhecidos na Europa. Mas tem a marca comum da abertura, da anarquia criadora. Sob este aspecto Villa-Lobos parece oscilar entre dois modelos intelectuais do modernismo: Mário de Andrade, a consciência reflexiva do processo brasileiro, e Oswald, o desbravador debochado, irrequieto e intelectualmente ubíquo. A fase mariandradiana de Villa seriam as *Bachianas*, os poemas sinfônicos *Amazonas, Uirapuru* e outros; a fase oswaldiana talvez fossem alguns choros (como o de nº 10) e o período dadaísta. No geral, entretanto, é a postura oswaldiana que pauta o processo de criação de Villa-Lobos. Nem tanto, talvez, no processo muitas vezes bem-comportado com que adere a Getúlio, ao Estado Novo e ao grande mundo norte-americano – mas à produção algo anárquica e à convicção de que a "limpeza" de alguns procedimentos não teria muito sentido.

Villa-Lobos não era de corrigir seus trabalhos. Talvez existam muitas lendas a respeito. Já ouvi de alguns músicos que muitas obras o compositor submetia a outros músicos para que as revisassem. O fato não corresponde à verdade. Mesmo porque, se algumas correções foram feitas, a emenda não parece ter saído melhor do que o soneto. Algumas partituras de Villa-Lobos ainda têm notas que certos instrumentos não possuem, e ainda exigem soluções que demonstram pouco caso aos reais recursos de alguns instrumentos. Cito como exemplo alguns trinados para o clarinete no *Choros número 10*, além de outros, muitos outros que são encontradiços em muitas partituras do compositor (como no *Concerto para piano número 3*).

O problema não tem sido pequeno como empecilho para a divulgação de sua obra. Contou-me um diplomata que tentou duas vezes divulgar algumas obras de Villa-Lobos no exterior; de uma feita com a Filarmônica de Berlim, de outra, com a Concertgebouw – duas das melhores orquestras europeias. Seria a contribuição a nível de governo para a obra de Villa. Nas duas vezes, entretanto, houve um problema básico: a recusa dos músicos em executar uma obra que, na sua opinião, continha erros em demasia. Por erros leiam-se notas mal colocadas e que, a rigor, justificariam uma revisão completa.

Aqui, porém, a questão tem ainda muito a ver com o desenvolvimento do Brasil nos últimos anos. Na medida em que o crescimento cultural do país se fez manco, atrelado às necessidades das nações hegemônicas, e não de suas necessidades básicas, criou-se um mercado também aleijado. Teoricamente, o Brasil possui um contingente de consumidores ao nível de uma pequena nação europeia. Computados os ganhos da classe média brasileira com a renda familiar de alguns países desenvolvidos, as diferenças são mínimas. Na agilidade e eficiência da previdência social destes países há, evidentemente, todo um lucro que o brasileiro não computa em pé de igualdade com aqueles. Na oportunidade e na amplidão das liberdades democráticas existem também algumas diferenças que não podem ser desprezadas. Verdade que são essas as diferenças fundamentais que não apenas acentuam as especificidades das respectivas economias; existem as desigualdades culturais que têm muito a ver com as condições históricas específicas de vários países. O acesso econômico a certos bens culturais não implica que esses bens sejam consumidos, aqui ou algures. Um milionário latino-americano inclui em sua agenda de divertimentos e de lazer muitos itens diferentes dos que mobilizam os milionários europeus. A cultura não é a expressão imediata de uma situação econômica específica. Fosse assim, os brasileiros de classe média teriam pela música o mesmo interesse que os estrangeiros. Fosse assim, a indústria cultural brasileira estaria investindo em outros setores que nos chacrinhas e nos sílvios santos. Fosse assim, igualmente, os foros de músicos inquestionáveis não seriam tributados aos assim denominados "músicos populares", cuja proeminência existe em função da pressão da indústria cultural como um todo. É menos perigoso dizer que Villa-Lobos não é um bom compositor ou que sua obra é desigual e precisa de uma revisão do que afirmar o mesmo em relação a Noel Rosa. Há mais tolerância na crítica aos compositores de concerto (que por sinal dependem apenas dos concertos e não da indústria cultural para divulgarem suas obras; daí também a importância e a responsabilidade dos críticos que vão a concertos), do que usar da mesma severidade com Chico Buarque ou Caetano Veloso. São essas algumas das diferenças culturais.

Em relação aos "defeitos" da obra de Villa-Lobos é isso também que se deve dizer. Sua obra foi quase toda impressa pela editora Max Eschig; o Brasil não possui editoras suficientemente fortes para diversificar suas edições e poder lucrar de alguma maneira com uma atividade empresarial em tudo difícil. Ora, por razões que a disputa pelo espólio de Villa-Lobos certamente também explica – a música do compositor brasileiro mais importante do século não vem sendo divulgada na medida em que isso talvez não interesse à Max Eschig. Os gastos com uma necessária revisão das quase seiscentas obras que constam do catálogo do compositor não darão à editora os dividendos que certamente ela desejaria. *Mutatis mutandis*, entretanto, ao nível do nacionalismo musical esta questão não é menor: o programa nacionalista brasileiro, tendo em vista apenas a manifestação ideológica de nativismo, não avança senão epidermicamente no terreno econômico. Villa-Lobos, responsável pelas mobilizações em prol do nacionalismo e do Estado Novo fez de sua profissão de fé em favor da música brasileira e da brasilidade um manifesto, em alguns momentos, simplesmente arrebatador. No sentimentalismo exacerbado Villa-Lobos encontrou o fulcro de sua chama: era assim entre os chorões do Rio de Janeiro da época. Mas por fazer isso – ou seja, exatamente por se ter arraigado ao "sentimento" deste ser brasileiro – jamais pôs em dúvida a contingência de ter de imprimir suas obras no exterior. Enfrentou, sem dúvida, a condição de seu próprio país: o Brasil de *Rasga o Coração*, da *Lenda do Caboclo*, do *Uirapuru* e dos *Choros* não deixava de ser exoticamente importante como fonte de inspiração – mas por ser exótico não comportava, quem sabe, a estrutura para atividades menores, como a edição de partituras, a construção de instrumentos musicais etc. etc.

São aspectos interessantes de uma problemática comum. Aos nacionalistas brasileiros nunca importou muito relacionar o grito nativista com a solução de alguns de seus problemas. Em 1938 reúnem-se no Rio de Janeiro músicos e professores para tomar decisões sobre "Normas para a boa pronúncia da língua nacional no canto erudito". No preâmbulo do documento, tirado na ocasião, lê-se que o "Brasil' encontrará porventura nessa língua padrão escolhida e que de norte a sul se normalizará no seu teatro e no seu verso declamado, um orgulho de cometimento nacional, um treino de disciplina, uma organização consciente, um fervor verdadeiro de unidade" – ou seja, uma série de normas consideradas "importantíssimas". Nada, entretanto, sobre a técnica de canto em si mesma, nada igualmente sobre a criação de uma escola de canto e de ópera ou de uma indústria musical de edição de partituras. Era uma questão menor.

Por que entretanto a ignorância da importância destes fatores? O próprio Mário de Andrade, em sua salutar campanha contra a pianolatria, apresenta como alternativa a necessidade de estudo de outros instrumentos, mas não acrescenta qualquer reflexão sobre a necessidade de que tais instrumentos devessem ficar à mão ou que sem a existência de sinfônicas – que compreende uma estrutura enorme – não seria possível a opção por outros instrumentos que não o piano.

Neste panorama, o surgimento da Max Eschig como tábua de salvação para a música de Villa-Lobos não é apenas o reconhecimento explícito de que a Europa teria de se curvar à música que ela mesma imprimia: afinal, desde há muito a Ricordi aqui se instalara para vender o que seria mesmo vendável – mas era no fundo toda uma inconsciência em relação ao próprio fenômeno cultural e principalmente em relação à indústria cultural que de qualquer modo está presente na obra de Villa-Lobos.

Esta talvez seja a questão a ser analisada no futuro: a realidade de que Villa-Lobos teve sucesso nos Estados Unidos por ter respondido em parte à necessidade de um exótico aceitável para a nascente indústria cultural norte-americana. A ideia de que em algumas obras de Villa-Lobos podem se localizar indícios da música inca não seria estranha aos promotores do compositor nos Estados Unidos e na Europa. Quanto mais ampla fosse a música do compositor em termos geográficos, tanto mais poderia ser alimentada a ideia padronizada sobre o continente "sub-americano". Até onde, porém, a orquestra de Villa-Lobos é assumida pela indústria cultural de Hollywood, está aí uma outra questão também pertinente. De Copland a Bernstein (nos Estados Unidos) – passando por Olivier Messiaen na França – a orquestra de Villa-Lobos parece ter exercido um fascínio indiscutível. Não apenas confirmava a existência de um mundo com suas florestas tropicais, o mundo poético do "paraíso perdido" que se contrapunha ao industrialismo norte-americano; tornava principalmente para os norte-americanos (e europeus) o mundo perfeitamente discernível: de um lado, os povos subdesenvolvidos, submetidos ao sortilégio do próprio exotismo e de sua incontestável tendência ao conformismo; de outro, a consciência de que no mundo não cabem ilusões quanto à possibilidade de que a história progrida. Deus dispôs o mundo assim (Deus ou o diabo, não importa muito).

Enfim, este o papel – inconsciente ou não – exercido pelo nacionalismo também na América Latina. Quando o professor Antonio Cândido assinala que foi o caráter exótico dos escritores latino-americanos modernos o móvel inicial da sua receptividade na Europa, remete a questão à literatura. Mas o problema se estende a outros setores. Não é por coincidência que os compositores que aderem ao nacionalismo – como Camargo Guarnieri (que erige o nacionalismo em escola, diga-se) ou o argentino Alberto Ginastera – fazem de sua produção um auto-de-fé no folclore; e não no folclore como tal, mas também às manifestações mais seriamente tragáveis pelos consumidores do exterior. Ora, da *Sinfonia Índia*, do mexicano Carlos Chavez, à *Estâncias*, de Ginastera, há realmente a tentativa de mostrar à Europa o que a Europa queria ver. Com as exceções de praxe, e com o talento inegável dos compositores nacionalistas latino-americanos (incluindo-se aí os brasileiros), parece ter sido este o motivo do seu sucesso inicial. E não se pode dar, a propósito, toda a razão aos que acusam Coeuroy de ignorância quando o musicólogo afirma que Villa-Lobos fez música baseado no "folclore dos incas". Não é improvável que isto de "folclore inca" exista de uma forma padronizada não apenas na produção de Villa-Lobos, mas sintomaticamente na obra dos compositores peruanos que estiveram nos Estados Unidos e dos compositores cinematográficos norte-americanos que ouviram Villa-Lobos, o qual, por sua vez, deve ter escutado, quem sabe, algo da música dos Andes, algures. O que se convencionou denominar "música indígena" é mais um padrão do que uma realidade calcada na música dos índios – que por sinal continuam solenemente ignorados, não obstante a obra de um Marlos Nobre (Uhkinmakrinkrin) estar mais próxima da música indígena do que tudo o que foi feito por Villa-Lobos.

O INTERREGNO

Na passagem do século, o Rio de Janeiro contava com aproximadamente 680 mil habitantes; seria uma cidade aprazível. Apesar das opiniões do conde Gobineau, que aqui esteve como embaixador 30 anos antes, a cidade seria a mesma que produziu Machado de Assis. Aparentemente, dois fatos indiferentes entre si. Realmente, assim parece: Machado de Assis quase não menciona a cidade em seus romances. Já foi dito que sua obra preocupa-se em demasia com o espírito para não se perder com as coisas que estariam fora dele. Mas o conde Gobineau, amigo de Wagner, teórico abalizado do racismo, grande escritor, cientista, tinha as suas razões para ligar a cidade a seu povo.

Gobineau observa que o Rio de Janeiro possuía um número nada desprezível de mulatos, e embora ressalvasse a figura do imperador, "homem inteligente, culto etc." conta, escandalizado, que mesmo a aristocracia brasileira tinha um número nada desprezível de mestiços. Ele menciona como exemplo um dos nobres, ministro de Estado, e obviamente tiraria suas conclusões mais tarde, quando iria escrever seu tratado sobre as raças. Mas Gobineau não esquece o Rio de Janeiro. Não gostava da cidade, evidentemente. Não fossem os homens – os mulatos e negros – o Rio ostentava algumas características que o tomaram famoso antes que Oswaldo Cruz adotasse seu famoso plano de saneamento que erradicaria os focos de febre amarela da cidade. Gobineau, naturalista, conta com seu estilo direto e claro sobre alguns insetos tropicais – baratas enormes que conviviam com os cariocas e visitantes, e narra, delicado, o episódio cômico de uma senhora que subiu numa cadeira aos berros ao deparar nada menos e nada mais que com um enorme morcego, animal a que Gobineau – sem demonstrar a menor repugnância – chamaria de "vampiro".

Claro, as conclusões do escritor não precisariam ser explícitas: depois de saber o que era uma cidade que convivia com morcegos e baratas, entre mosquitos – não seria necessário que o embaixador francês no Brasil dissesse muito mais sobre o povo e a terra. Concede que a cidade era bonita – mas como qualquer antisséptico turista que se enojava (e ainda se enoja) com a cidade Baixa de Salvador, onde os requisitos de higiene (que o turista, todavia, não vê serem obedecidos nos restaurantes finos) não são cumpridos à risca, deveria concluir que o Rio de Janeiro era assim, porque assim era seu povo. A Idade Média europeia, com seus ciclos de peste, a mortandade em massa, não lhe ocorria para ver além do que consideraria como preguiça congênita do brasileiro. Enfim, não é nem de longe o caso de se contestar o admirador dileto do compositor Richard Wagner; tinha suas razões pessoais para não gostar do Brasil. Mas o Rio de Janeiro da época deveria ser mesmo interessante. E não porque Gobineau o achasse, ou porque a cidade cumpriu seu quinhão produzindo um Machado e um Nepomuceno – mas porque esta comunidade que normalmente julgamos pela ótica dos estrangeiros (os depoimentos sempre importantes de Saint-Hilaire estão aí para corroborar o que digo) deve ter sido bem mais do que os testemunhos dos que a viam de fora. Refiro-me à existência, no Rio de Janeiro, de um Glauco Velasquez, compositor que conhece Debussy, mas que engendra um tipo de composição que hoje determina muitas perguntas.

Levanto hipóteses: se é possível explicar o surgimento de um Chopin ou de um Debussy a partir de um contexto que deve levar em conta o mundo fora da música, o caso de Velasquez parece ser esse.

Não foi nacionalista num tempo em que Nepomuceno tinha já sua influência; não foi wagneriano numa época em que Miguez usava como argumento a sua orquestra; não se demorou no formalismo acadêmico a um tempo em que essa era uma regra básica. Como entendê-lo? Consoante alguns trabalhos (como o do crítico paulista J. J. Moraes e da pianista Clara Sverner, que revelou parte da obra de Glauco Velasquez num disco memorável que não teve a acolhida merecida) o compositor foi certamente o seu tempo carioca. Não arrisca muito quem encontra em Velasquez a sofisticação quase exótica de uma inventiva que deixava espantados alguns compositores mais velhos, como Luciano Gallet e Alberto Nepomuceno, mas (e essa, me parece, é a questão) não exagera também que não veja em Velasquez, que morreu em 1913, a feição de um Rio de Janeiro que talvez se conheça apenas na problemática colocada por Machado de Assis e outros romancistas do tempo.

Não se trata de discutir Velasquez conforme a literatura da época. Sua música contém indícios desta realidade. Não se pode imaginar, igualmente, que Velasquez não conhecesse os impressionistas; mas se os impressionistas foram menos influenciados pelos músicos que os antecederam do que pela realidade nova em constante mutação do industrialismo europeu, Velasquez apenas anteviu um industrialismo incipiente – ainda que reivindicado, mesmo pelos governos do tempo. A conclusão é clara: se Debussy foi o que foi, e se surgiu num contexto em que sua originalidade existe menos na música do seu tempo do que na realidade que sua música não poderia ignorar – Velasquez talvez tenha sido isso de uma maneira toda especial.

Não vou propor a gênese de uma obra que por não ser nacionalista e que por estar à margem de tudo o que se fez em seu tempo, talvez mereça um capítulo especial em outras condições. Mas Velasquez adota processos modulatórios, acordes inconclusos que dão o que pensar.

Sob o ponto de vista formal, talvez sua obra tenha algo a ver com a música popular da época. A hipótese de que aliasse ao uso de tons inteiros a fluidez de acordes inconclusos *à la* Debussy com um modo de ser muito próprio da música popular da época não parece ser um absurdo. Entenda-se: essa música que soa moderna e que, conforme o crítico J. J. Moraes, antecipa em muitos capítulos algumas ousadias da vanguarda europeia, não era em absoluto estranha aos músicos da época. Nepomuceno chorou a morte do músico, aos 30 anos, no Rio de Janeiro. Supõe-se que encontrasse nela pontos de vista interessantes e aproveitáveis. Mas a questão continua. E principalmente na medida em que, sob o ponto de vista morfológico, Velasquez parece se encaminhar para uma diluição que, não fazendo variação no sentido clássico, insere tantas ideias de vários tipos que a própria ideia da preocupação formal fica num segundo plano se no fluir de algumas de suas peças não se mantivessem indenes certos princípios morfológicos.

O assunto pode ter a ver certamente com as variações camufladas dos chorões. Mas menos com isso do que com o pouco caso votado a alguns aspectos morfológicos que desprezariam a ortodoxia formal europeia.

O caso Velasquez, seja como for, é instigante. É inegável que conheceu a produção europeia da época. É evidente, também, que se desligou das possíveis influências dos impressionistas, precisamente na diluição dos aspectos formais que se mantiveram em Debussy em muitas instâncias.

Sem dúvida, a influência francesa é determinante no período. E não apenas em função do que se poderia considerar como perfumaria. O Brasil, com efeito, perfumava-se com os produtos franceses: em 1867, chegamos a ser o segundo maior importador de perfumes da França. Pode-se considerar o fato um mero modismo, já que a Inglaterra desde a independência é quem comanda a América Latina; mas o fascínio francês é determinante: boa parte da produção de Villa-Lobos no primeiro período é também impressionista e se traz a influência do Grupo dos Seis (e vice-versa, já que Milhaud também foi influenciado por Villa-Lobos) não é porque conhecesse os compositores da época com a profundidade que à primeira vista essa "influência" poderia sugerir, mas porque o processo e a visão de mundo são quase os mesmos. A solução que os "Seis" dão à música urbana do seu tempo como a antítese do expressionismo é suficientemente "universal" como solução para a música de outros países.

Sob este aspecto, há que se considerar o impressionismo musical como um produto típico do grande mundo francês erigido em modelo para as artes. E um modelo que, se tem lá suas peculiaridades tipicamente gaulesas, não deixa em momento algum de ser uma visão sofisticada, algo que já marca a grande ruptura cultural de séculos de relação quase ininterrupta entre a arte erudita e a popular. A obra de Debussy não tira seu encanto de seu apelo em si mesma; é uma obra que supõe um mundo cultural no qual se inclui não apenas a saturação de determinados processos, mas toda uma visão crítica que comenta a arte antiga.

O significado deste procedimento é fundamental. Toda a história da arte ocidental é feita de rupturas. A oposição que existe entre o barroco e o rococó pode ser vista como um abrandamento das propostas do primeiro; entre Rubens e Boucheur não existem diferenças apenas de um pintor flamengo para um pintor francês. A ruptura é com a visão de mundo. Mozart atenta para a obra de J. S. Bach apenas para incorporar à *Flauta Mágica* uma maneira antiga ("tome-se o trecho em que os soldados tomam Pamino para introduzi-lo nos mistérios da maçonaria). O procedimento de Mozart é compreensível e tem um efeito dramático muito especial. Mas Mozart nada tem a ver com Bach; e Johann Christian ou Phillip Emmanuel, filhos eles próprios de Johann Sebastian, afastam-se dos princípios que nortearam seu pai, precisamente pela negação da polifonia, fundamento da arte do outro. Com Debussy isso acontece, sem dúvida: Debussy dilui o desenho melódico e harmônico pretendendo o etéreo que trai uma certa postura negativa no sentido de compreender o mundo na sua forma capitalista. O mundo que a burguesia gere tem de ser necessariamente bem delineado, "positivo". Mas quando Debussy e outros artistas impressionistas surpreendem o mundo, não o veem com a certeza do homem de negócios.

Seria essa incompreensão, essa vaga dúvida, um modismo para os que, como Velasquez e Villa-Lobos, incorporaram o impressionismo em sua expressão? É possível. Mas é possível também que no rastro da dúvida impressionista – que não chega às raias do desespero, mas que fica, *proustianamente*, na mera fruição do próprio estado de torpor da dúvida – pode ser, repito, que exista também e de uma certa forma uma visão específica de parte da *intelligentsia* brasileira da época. Velasquez não compôs para o vento: apreciavam-no os grandes compositores do Rio de Janeiro de então. Não se pode conceber, portanto, que a diluição como processo pictórico, ou antes, como visão de mundo, não correspondesse de algum modo a uma cosmovisão do público ouvinte.

Seria um mero traço do isolamento do intelectual, do artista e de certo público num mundo onde sua participação não contava senão como atrativo, como "perfumaria" no sentido estrito da palavra? Pode ser: quando Coelho Neto se queixava de que o Brasil não lia – e não se pode esquecer que a primeira tiragem de *Os Sertões*, bastante alta para a época, foi de mil exemplares – ele tinha a consciência exata de seu papel entre o "povo".

Com Glauco Velasquez não teria sido diferente. E ainda que o estimem, não deixa de ser revelador que entre os que o admiraram, como Miguez, Gallet e Nepomuceno, nenhum (com exceção talvez de Gallet) se tenha preocupado em seguir seus passos. O próprio Nepomuceno, que orquestrou algumas obras do padre José Maurício, não vê no seu colega mais jovem senão uma *stravaganza*, que nunca repudiou, mas que, para um nacionalista republicano, não poderia constituir jamais um modelo a ser seguido. No ideário nacionalista do qual Velasquez não faz parte, o empenho é chegar de alguma maneira a um público amplo; o mais amplo possível. Não apenas à vista da ideia de que a música deve ser acolhida por uma espécie de "sufrágio universal" – mas porque a própria economia de concertos erigida, concebida como negócio, é importante para a sobrevivência do músico.

Com outras palavras, compreende-se que Velasquez não tenha sido seguido; compreende-se, igualmente, que tenha sido esquecido e que hoje compareça nos compêndios de música não como uma presença obrigatória, mas como uma espécie de menção que não parece importar muito. Mas é necessário entendê-lo e também dentro de um contexto muito particular que já assumira o "tédio" do mundo dos impressionistas antes mesmo que esse tédio tivesse surgido como uma imposição do aprofundamento das relações de produção do capitalismo no Brasil.

Esse, talvez, o elo entre Debussy e Velasquez, ou antes, o fascínio do segundo em relação ao primeiro (e menos o fascínio, talvez, mas a adesão ideológica), o sentimento de impotência diante de um mundo que se faz a despeito e contra a especulação gratuita. Em Debussy é o mundo capitalista que parece determinar a *incertitude*; em Velasquez são certamente as incertezas da própria realidade brasileira, sua indefinição, o maior estímulo quanto à descrença de uma arte que não tenha outra função que a de ser ela própria o maior exemplo de sua falta de definição.

A descrença, no caso, tem de ser lida em sua especificidade: Debussy parte da cultura como tal, dos dados da própria música para comentá-la. Essa é a ruptura que se observa a partir de sua arte. Em Velasquez, na falta de outros estímulos ideológicos, é a própria ausência de um programa tanto pessoal quanto coletivo a causa remota de uma arte aristocrática e imensamente contestadora na sua inventiva indiferente.

Claro, são ilações. Velasquez, ao contrário de muitos de seus colegas do tempo, não precisou da música para sobreviver. Estava na condição do intelectual relativamente abastado, que podia viver sem ter de aderir às necessidades do mercado. Não precisou ser funcionário público para sobreviver, nem tocar em cafés, como aconteceu com parte dos músicos da época, que não conseguiram emprego público com o advento da República.

* * *

Com todas essas, porém, o conde Gobineau soube realmente muito pouco do país que habitou na década de 70. Verdade que aqui esteve quando o Brasil estava a 30 anos do século XX e que em 30 anos muitas águas rolaram: o imperador ainda era o soberano todo-poderoso que mantinha contatos com Wagner e que cultivava a erudição, como a prescrever um comportamento que alguns intelectuais iriam imitar à sua maneira durante seu período e muito tempo depois. Verdade também que o conde Gobineau tinha necessariamente de ceder a suas convicções aristocráticas e racistas diante de um Brasil mulato e dominado. Para Gobineau, o fascínio dos brasileiros pela Europa, quando ocorria, era um fato natural: impunha-se a submissão do homem inferior a uma raça condenada geneticamente ao domínio do mundo. Os brasileiros, na sua admiração, parecem ter sido mais realistas: são poucos os músicos e intelectuais que não relacionam a "superioridade europeia" com o desenvolvimento de um modelo que deveria ser imitado também nas artes.

Quando Velasquez inicia seu brevíssimo voo que não dura mais que 10 anos, já a geração de 1860 aproximava-se da maturidade: na virada do século Nepomuceno contava com 36 anos, Francisco Braga com 32 e Leopoldo Miguez com 50; todos tinham numa certa medida mudado o eixo direcional da música brasileira. Ao exclusivismo da ópera italiana, eles opuseram uma ampliação para novos horizontes. Nepomuceno estudou na Itália como seus predecessores, mas acabou indo para a Alemanha e outros países europeus. Privou da amizade do norueguês Edward Grieg, do qual assimilou algumas das ideias nacionalistas que trouxe ao Brasil. Mas é evidente que ao tomar contato com a Europa de então, não poderia continuar se iludindo quanto à hegemonia italiana. Além de Wagner, que contrapunha à ópera italiana uma obra calcada no sinfonismo alemão, havia o nacionalismo tcheco-eslovaco, russo, com a divisão da música entre os operistas e os sinfonistas. Enquanto a geração de Carlos Gomes, Henrique Alves de Mesquita, Elias Alvares Lobo e outros visa à ópera como objetivo, na geração de 50 e 60 é a assim chamada "música absoluta" que se impõe.

Não se escutam hoje as óperas compostas por Nepomuceno, Miguez e Francisco Braga,[22] à parte o fato de que só se ouve e aprecia a música que a indústria cultural multinacional consagrou. Explica-se o fenômeno. Além de trilharem um caminho que não apreciavam – as incursões destes compositores no gênero são todas bissextas – há que se considerar que não poderiam mesmo rivalizar com o operismo italiano. Verdi viveu até 1901 e produziu o suficiente para reinar quase absoluto a partir da segunda metade do século passado; os compositores que o acompanham não apenas recebem os influxos da onda wagneriana; com exceção de Bizet, consagrado por Nietzsche como a resposta tropical a Wagner, seguem caminhos que ora chegam a Wagner ora a Verdi. Os modelos já estavam prontos e acabados. No mais, as tentativas de criação de uma "ópera nacional", se tinham adeptos e entusiastas, inclusive nos nacionalistas brasileiros, nunca encontraram o apoio necessário que, de resto, seria varrido com a crescente imigração italiana que acabou impondo um gosto operístico muito determinado.

---

[22] No entanto, eles as escreveram: Nepomuceno compôs *Garatuja* e *Abul*; Miguez, *Os Saldunes* e Francisco Braga, *Jupira*, *O Contratador de Diamantes* e *Anita Garibaldi*.

Sob este aspecto, a atomização dos gêneros musicais, com a entrada em cena da música programática – sucedâneo sinfônico da ópera – só tem como resultado o recuo gradativo do público operístico. Na medida em que os compositores brasileiros vão abandonando o caminho trilhado por Carlos Gomes, sobra, evidentemente, a música sinfônica e a reboque a música italiana importada. Mas enquanto aquela não prescinde de músicos competentes, esta exige exclusivamente músicos de alta qualidade que o Brasil ainda não tinha formado.

No caso brasileiro, porém, há que se considerar dois momentos muito importantes: o período que vai de 1853 a 1864, em que se representam várias óperas em vernáculo, como *Marília de Itamaracá, Noite de São João*, de Henrique Alves de Mesquita (cuja carreira foi cortada por dom Pedro por ter-se envolvido num "rumoroso caso amoroso" na Itália) e o período que se segue, onde a ópera passa a se defasar. Aqui, as opiniões se dividem: para alguns a causa da decadência da ópera brasileira – leia-se cantada em português – deveu-se fundamentalmente à Guerra do Paraguai. O Império viu-se subitamente obrigado a investir na guerra, relegando a um segundo plano a ópera nacional. Isso sem dúvida aconteceu. Mas a contrapartida da vitória do operismo italiano foi, sem dúvida, importante: quando o público pede ópera, passa a ser mais lucrativo importar elencos inteiros que diminuem suas exigências pecuniárias na possibilidade de estenderem seus giros a outros países latino-americanos, do que investir num espetáculo com elencos e óperas nacionais, cujos investimentos nem sempre são imediatamente compensadores.

A hegemonia da música europeia é, portanto, também econômica. Em 1870 Carlos Gomes observava a Francisco Manuel que, se determinado colega quisesse estudar os clássicos e ouvir boas execuções, seria melhor que fosse para a Alemanha, ou ficasse na França, "onde a música não está em decadência como na Itália". Por decadência Carlos Gomes não deve ter entendido a arte da composição – mas as interpretações que seu ouvido de músico deveria considerar fragílimas em comparação, principalmente, com o que podia ser escutado na França da época.

Essa, entre outras, a causa do fascínio francês: não parece haver dúvida de que Paris na década de 70 continuava a ser um dos centros musicais mais importantes da Europa. A França era o país dos espetáculos – o primeiro a explorar a fundo, e com sistemática, as potencialidades econômicas da ópera e do teatro. Wagner não tentou Paris por acaso; e não odiou a França de graça: Paris, preocupada com os gêneros economicamente viáveis, rejeitou uma cena lírica que, embora não fosse muito diferente do que se via então, tinha algumas inovações pouco compreensíveis. Para o Brasil, o modelo deveria ser seguido e em vários sentidos.

Quando o presidente Juscelino Kubitschek ascendeu ao poder em 1956 o Brasil já tivera uma primeira mobilização de vanguarda com o "Manifesto Música Viva", dada a público em 1946. Assinavam o manifesto um compositor alemão, J. K. Koellreuter, na verdade inspirador e professor do grupo, e vários outros músicos, dentre os quais Cláudio Santoro, Eunice Catunda, Edino Krieger e Guerra Peixe. Foi a primeira ruptura oficial contranacionalismo que com as exceções de Miguez, Velasquez e outros dominou boa parte dos últimos 60 anos da música brasileira. Villa-Lobos estava vivo, era um monumento nacional e não se imiscuiu na polêmica que o atingia diretamente. Pelo menos não foi o seu nome que passou à história como contestador dos termos do manifesto e da defesa estética que o grupo Música Viva fazia da música "universal". Essa missão caberia a um paulista do interior de São Paulo, Camargo Guarnieri, que ao contrário de Villa-Lobos sistematizou o "nacionalismo", algo como uma escola que em determinada época chegou a produzir seus "guarnierizinhos".

Conhecem-se os antecedentes e os consequentes desta história. A Guarnieri coube o papel de defensor dos valores brasileiros, ao "Grupo Música Viva" o de vilão, defensor incondicional de um universalismo em tudo suspeito e que mais tarde provocaria uma cisão no grupo. Guarnieri não defendeu seus pontos de vista do mesmo modo que J. K. Koellreuter, um teórico brilhante, que desempenhou a missão histórica de introduzir na discussão musical uma problemática mais ampla; fiel à ideia de seu próprio artesanato, o brasileiro discutiu a questão nos termos de sua obra. Poderia pensar a música além ou aquém do seu "sentir" – uma forma que implicava uma adesão à música que o circundava?

Koellreuter levou o problema a outros termos: havia que reconhecer na música ocidental e europeia a raiz de uma problemática que o nacionalismo brasileiro apenas escamoteava. Ao buscar nas raízes folclóricas as fontes de sua inspiração, o nacionalismo se transmudava ou não nos termos da radicalidade de um Bartok, mas também insistia na ampliação da probabilidade de sobrevivência do sistema tonal. O compositor Camargo Guarnieri reivindicou uma realidade musical para defender o nacionalismo e fê-lo com um misto de inteligência tipicamente "caipira" (esse, sem dúvida, um tipo de racionalidade que aparenta a concessão, mas que visa à emboscada – um sistema realmente "nacionalista" de discutir). Koellreuter, mais um teórico do que um compositor, intentou o contrário – discutir o problema nos termos em que ele se colocava. Não houve vencedores ou vencidos. A realidade musical teria de seguir as contradições do próprio *devir* histórico: os nacionalistas insistindo até hoje na defensiva de que são assim por se sentirem brasileiros, os outros discutindo a questão no âmago do problema: na medida em que o nacionalismo é uma alternativa ideológica, cabe o debate nos termos de uma ideologia – e não como uma fatalidade histórica, consequência de uma correta avaliação da realidade.

Visto nos termos em que o nacionalismo propôs a questão, ou, mais precisamente, nos termos em que o nacionalismo, erigido em escola por Guarnieri, reivindicava a correção quase biológica de suas posições – o tempo veio mostrar que a ideologia nacionalista não passava mesmo disso. Logo depois, vários membros do "Grupo Música Viva" ligados ao Partido Comunista Brasileiro recebiam ordem expressa colocada a nível de decisão para que aderissem à música nacional. O PCB, solidário com a luta da URSS contra os Estados Unidos na guerra fria que se iniciava, passava a defender os valores nacionais na medida em que a América do Norte iniciava sua longa mas sistemática invasão por toda a América Latina. O nacionalismo teria de ser a única resposta aos intentos imperialistas. A ideologia, portanto, entrava no debate e com justificativas históricas muito precisas. Quanto a Koellreuter, um social-democrata refugiado do nazismo, sua posição política seria desprezada, na medida em que não visualizava na luta estética seus aspectos políticos mais profundos.[23]

O nacionalismo, evidentemente, foi uma bandeira expressiva. Camargo Guarnieri, que nunca se filiou a partido algum, viu-se de repente lado a lado com os antigos detratores. A importância destes acontecimentos, por isso mesmo, não pode ser subestimada. Ainda que a industrialização que se segue com o governo de Juscelino Kubitschek não tenha o sentido "nacional" que lhe quiseram dar seus partidários, nunca é demais insistir que é a partir do construtor de Brasília que o Brasil começa a ser o cadinho especial escolhido pelas multinacionais para montar suas subsidiárias, já que as facilidades fiscais, a mão de obra

---

[23] Quase todos os que romperam com os Koellreuter revisariam sua posição, inclusive publicamente, como aconteceu no Rio de Janeiro e São Paulo, anos depois. Dentre estes encontram-se Eunice Catunda, Cláudio Santoro, Ediso Krieger e outros.

barata, dentre outros benefícios oferecidos pelo país, passam a ser pesados como importantes por algumas empresas estrangeiras.

É aqui, porém, que entra a segunda voga da vanguarda brasileira. Ou seja, precisamente quando a industrialização brasileira se processa ao nível de subsídios à implantação de algumas indústrias estrangeiras. É a época em que surgem algumas empresas de publicidade calcadas em modelos que seguem *pari passu* as exigências dos grandes conglomerados multinacionais.

Para se chegar a algumas conclusões sobre a história da publicidade brasileira, haveria que se fazer um estudo aprofundado entre as exigências da produção industrial brasileira e a visão dos consumidores numa moderna sociedade industrializada. Poucas expressões contemporâneas demonstram de forma tão cabal e transparente os processos ideológicos das sociedades capitalistas. O que se poderia denominar literalmente de "palavras de ordem" da publicidade tende, sem dúvida, a aliciar o consumidor; mas por isso mesmo apelam para o contexto ideológico em que se coloca o problema do consumo. Os valores da classe média emergente constituem o resultado dos medos e conflitos de sua própria condição. É a classe média o fim último da publicidade. Há uma psicologia de classe média que se impõe aos criadores de anúncio. Essa psicologia, aliás, tanto pode informar a publicidade quanto a classe que a recebe. Na medida em que a publicidade explora as potencialidades da classe média, exortando suas ambições para as ideias de bem-estar e de aproximação com os valores da classe A – explorando a ilusão de que quem usa o produto tal terá à sua disposição este ou aquele benefício restrito a um círculo ao qual pertencem o poder e, evidentemente, as riquezas – ela ao mesmo tempo põe a nu alguns conflitos de classe. Não se pode inferir disso que a melhor forma de contestação esteja na publicidade, como quiseram alguns teóricos da comunicação numa época em que a justificativa da atividade intelectual a serviço da publicidade tinha de ser defendida a qualquer preço.[24] Mas não se pense que a publicidade não seja o repositório de muitos indícios nos quais as justificativas por esse ou aquele modismo não sejam suficientemente claras para deixar entrever precisamente as questões que preocupam ou que entram como fator de alento para a classe média.

---

[24] Essa foi a tese defendida por Decio Pignatari, um dos papas do concretismo brasileiro, numa coluna que assinava no *Jornal da Tarde*.

Não é o caso de se fazer a gênese da publicidade em função de seu trabalho junto à classe que consome o *prêt-à-porter* da sociedade industrial. Nem é o caso também de se perscrutar nas teorias da comunicação mais abrangentes – caso de Marshal McLuhan, por exemplo – os aspectos tipicamente ideológicos que a justificam perante os conflitos de classe. A propaganda investe em sua própria imagem na medida em que descarta o conflito de classes de suas preocupações; já o bom anúncio alicia na medida em que coloca na aquisição da mercadoria a superação dos problemas sociais. É sob este aspecto que funciona o "fetiche da mercadoria" a que se referem sociólogos como Adorno, Marcuse e outros, reportando-se a Marx. Se a posse de um bem identifica os homens tornando-os coparticipantes do poder e das riquezas, cabe à publicidade precisamente escamotear toda a realidade que diga o contrário. A questão funciona também em sentido inverso ao do consumidor, pois vai deste para o publicitário. A ideia que subsiste nos jornais (e que não é rara nas sociedades industrializadas), de que o jornalista é o homem que antes de escrever sobre Jesus Cristo pergunta a seu chefe se deverá fazê-lo contra ou a favor, no caso da publicidade sequer é colocada em dúvida. O produto é sempre bom. Considere-se, portanto, que o problema atinge em cheio toda a ideia de informação: se a verdade é o que se vende como tal – a medida do mundo é a venda, e não o mundo. Ou, se quiserem, é a versão, e não a verdade.

Por essas e por outras, não se depreenda que a discussão sobre a teoria da informação em seus mais diversos ângulos não interesse ou que tenha como único fito o escamoteamento. O aprofundamento da matéria, principalmente por parte dos que lidam com a informação, mostra aspectos insuspeitos da realidade que, se não chega a alterar a luta de classes, insufla algumas cores a essa realidade – cores essas que devem ser levadas em conta na análise de sua condição. A contribuição dos estudos, portanto, é importantíssima; mas nem é a palavra final sobre a realidade, como pretendem muitos ideólogos, muito menos a versão isenta.

Ora, a parte da vanguarda musical brasileira que nasceu em São Paulo – a cidade mais industrializada do Brasil – e que se desenvolveu nas pegadas do grande surto industrial da década de 50 e se acoplou ao projeto construtivista da poesia concreta da música de vanguarda do "Grupo Música Nova"[25] tanto se incorporou às reflexões destes, quanto

---

[25] Surgiu em 1963 um manifesto assinado, entre outros, por Olivier Toni, Willy Correa de Oliveira e Gilberto Mendes.

sofreu os mesmos percalços que a partir de um determinado momento viriam desagregar o grupo.

Mas o que é que a publicidade tem a ver com isso?

Em princípio, nada; mas houve a cooptação, por parte da indústria, de setores intelectuais que tinham de ser incorporados à indústria de serviços, da publicidade ao *design*. Foi na demanda da produção industrial que nasceram os concretistas de São Paulo. Foi por sua trilha que seguiram alguns músicos que mais tarde assinariam o manifesto "Música Nova". A discussão sobre a publicidade, portanto, tem o sentido exato que lhe deram os integrantes do movimento; não seria uma linha auxiliar do pensamento – muito menos estaria a serviço da visão concretista. Faça--se justiça, por isso: nada menos propagandístico, nos termos em que a publicidade coloca seus objetivos, do que o grupo concretista. Mas não há dúvida de que algumas discussões sobre o problema da informação, ajuntadas à questão da produção industrial, num mundo industrializado foi fundamental para aquilo que os próprios concretistas batizaram como "produção". A ideia de uma arte como "produto" – e não como objeto de arte gratuito – foi o tema dominante dos construtivistas de São Paulo. Waldemar Cordero, um dos ideólogos do movimento, jamais deixou de usar a palavra "produto" para definir, afinal, o que isso significaria tendo em vista os objetivos do grupo – ou mais precisamente dos artistas plásticos do movimento.

Neste sentido, a questão tem muito a ver com a indústria. Mas tem muito a ver sob vários aspectos – tanto na ideia de que a arte não pode simplesmente ser um produto artesanal, feito por artesãos para uma sociedade artesanal – mas que isso está em desconformidade com a nova sociedade industrial e mais precisamente com a sociedade almejada pelo desenvolvimentismo juscelinista.

CRÍTICA À RAZÃO PURA

A vanguarda – inclusive a histórica – pode ser tomada sob vários aspectos.

Em sua gênese vanguarda é certamente o que sugere a expressão: uma guarda avançada, batedora, desbravadora de novos caminhos. Na ideia guerreira é tropa de choque; numa visão pioneira é descobridora: ambas se complementam naquilo que a *avant-garde* vem sendo nas sociedades industrializadas – um exercício de inventiva como complemento, ou resposta à inventiva destas sociedades, onde precisamente a invenção obedece a objetivos, a programas e projetos. Ao inventor das ciências exatas, corresponde o artista inventor que desembrenha caminhos num processo em que a inventiva se faz pura nas suas propostas; além das peias das escolas e além dos cânones estabelecidos no tempo. A vanguarda seria impossível no mundo grego ou renascentista, não porque nestes estágios a civilização estaria atrasada, mas porque a ideia de invenção não teria resposta imediata no estágio técnico destes períodos. Sob este aspecto, a vanguarda não perderia sua relação com o processo econômico, social e político por estar à sua frente. Essa é uma pretensão ingênua a que não poucos aderiram, incluindo-se aí muitos segmentos da vanguarda brasileira. Na pretensão de que a arte pode ir além do estágio social, superando pela inventiva o que o real processo econômico não poderia suscitar, muitos segmentos da vanguarda cederam a uma irreal hipótese de trabalho, tanto mais irreal quanto passaram a ignorar sua própria situação na sociedade brasileira. Se a invenção vai à frente da sociedade, cabe à sociedade segui-la, ainda que isso seja impossível.

A ingenuidade do grito guerreiro da vanguarda reside nisso: na supervalorização das próprias descobertas – quando não raro os estalos vanguardistas nada mais fizeram do que obedecer a programas ideológicos atrelados às necessidades imediatas de certos grupos sociais e do mercado.

Nas teorias da informação e na pesquisa da comunicação como um processo através do qual se pode fazer a gênese da história, há um aprofundamento indiscutível do real na sua mecânica. O interesse dos concretistas por McLuhan e pelo estruturalismo, além dos que os fundamentam – e se vá dos construtivistas russos a Max Bense e outros, passando por Umberto Eco –, ampliaram a discussão da arte e seu processo para terrenos insuspeitos. A contribuição que os irmãos Campos trouxeram para o ensaísmo e a poesia é, em alguns casos, a redescoberta da palavra. Decio Pignatari, nos estudos que faz sobre diversos assuntos, tem o dom de desvelar aspectos insuspeitos de determinadas obras, relacionando-as numa visão ampla, aberta, que é inestimável. Dos músicos ligados aos concretistas, nem falar: a ampliação do espaço sonoro como objeto de arte ou de simples inquirição, muito além dos parâmetros do artístico (que já trazem em si mesmos os vícios de estruturas artísticas superadas), foi apenas algumas das contribuições que compositores como Gilberto Mendes trouxeram à música brasileira.

Como muitos de seus colegas, Gilberto Mendes não é um *schollar* no sentido do termo. Pelo contrário, nada menos ortodoxo, nada menos convencional, e por isso, também, nada menos apto a recolher os favores oficiais – tanto dos *schollars* quanto dos artesãos (que os desprezam na medida mesma em que resguardam seu artesanato para se autoprotegerem dos fantasmas da revolução). Em suma: não há nada que possa ser contrário à vanguarda musical brasileira dos anos 50 nos termos de suas próprias propostas de renovação. Mas a análise ou a falta dela a propósito da sociedade brasileira pesa sobre a vanguarda, na mesma medida em que os nacionalistas se recusaram a considerar a questão do universal. As considerações do poeta e teórico Decio Pignatari e do músico Damiano Cozzela sobre o passado têm endereço certo e não escondem seus aspectos autopromocionais. No folclore de todas as vanguardas existem as frases de efeito que não podem ser consideradas a não ser pelo que são. Mas não há dúvida de que na proposta da erradicação de músicos e músicas antigas existe a suposição algo ingênua de que o *devir* histórico só tem validade a partir da vanguarda. Ou seja, de que a história chega a seu ápice na vanguarda. É inegável: a historicidade de todas as correntes que se proclamam vanguardistas revela-se inequívoca enquanto se propõe a uma autoconsciência da história, ou seja, do *devir* histórico. A vanguarda se autoproclama um momento mais que especial na história, por ser a visão da história no seu fim ou na pré-história; mas aqui, novamente, deve-se considerar não apenas a perda das raízes da história brasileira sob muitos aspectos (coube à vanguarda num primeiro momento o esquecimento dos nacionalistas antigos em função da briga com os nacionalistas contemporâneos), mas também, e acima de tudo, uma visão a-histórica da própria mobilidade da história. Enquanto radicalizaram sua visão de mundo a partir de algumas teorias da informação, as correntes mais importantes do concretismo desvelaram aspectos importantes desta mesma realidade – mas não aprofundaram o tema na discussão da totalidade do fenômeno. E, quando o fizeram, foi exatamente para rejeitar sua importância.

No âmbito da crítica à indústria, ao papel da luta de classes na discussão da obra de arte – ou antes, da posse da obra de arte – a vanguarda articulou, entre outros, a rejeição da sociedade alfabetizada; mas se esqueceu de que, na mesma articulação em que se movem as engrenagens deste admirável mundo novo da televisão, persiste uma demanda absoluta, inamovível, em relação à civilização do livro. Numa conversa que tive certa vez com um poeta concretista, fui em certo momento invectivado por ter gostado do filme *Fahrenheit 741*, de Truffaut. Dizia-me o poeta que o filme deplorava na queima de livros uma civilização que era o oposto do que a própria obra propunha. Na medida em que a obra lamentava a perda dos livros, ela atrelava ao alfabeto de Gutenberg o processo cultural e isso, diante da "descoberta" de McLuhan revelava, no mínimo, uma visão reacionária do mundo.

A discussão ficou nisso: o poeta partia do princípio de que era da civilização dos *mass media* que viria a salvação brasileira – mas, em função de sua própria condição de intelectual numa sociedade onde a realidade de um canal de televisão não tinha possibilidade de superar os outros problemas, teve de admitir, tempos depois, que as coisas não eram tão simples. E não apenas pelas contradições que o Brasil expunha em seu sonho eletrônico (que correspondeu também aos anos do "milagre econômico"); pois quando Marshal McLuhan saudou as bombas norte-americanas no Vietnã como até certo ponto benéficas, na medida em que inauguravam a era eletrônica no Sudeste Asiático – houve naturalmente um certo constrangimento generalizado em relação às posições políticas do canadense. McLuhan dizia que as bombas matavam, sim, mas impunham aos vietnamitas uma brusca mudança em seu comportamento "primitivo".

Em outras palavras, mas coerentemente, o teórico da informação apenas reafirmava sua visão diante da história: a informação seria o nó do problema. Ocorre que a guerra do Vietnã, à parte a tecnologia bélica norte-americana, nem levou os vietnamitas a mudarem seus hábitos, como se esperava, nem os compeliu a manejarem os sofisticados aparelhos norte-americanos para chegarem à vitória.

Claro, não é o único aspecto da guerra do Vietnã – mas não deixam de ser até certo ponto espantosos dois paradoxos. O primeiro é que (mesmo à luz da teoria de McLuhan) o Vietnã venceu a guerra com um sistema híbrido, que acoplou à tecnologia norte-americana uma forma peculiar "nacional", de lutar; e um segundo, ainda mais espantoso, é que, uma vez transformados dentro do processo de guerra, nem por isso os vietnamitas passaram a manipular melhor a civilização tecnológica. O saber manejar foguetes não fez dos vietnamitas técnicos capazes de superar as dificuldades econômicas que restaram no país após a saída dos norte-americanos. Venceram um invasor poderosíssimo, é verdade, mas não venceram até hoje o próprio subdesenvolvimento. A transferência da tecnologia da guerra para uma tecnologia de paz não se operou automaticamente. No entanto, foi precisamente este subdesenvolvimento que a vanguarda ignorou, tanto lá fora, como no Brasil. Precisamente, por não questionar a estrutura de poder da tecnologia importada durante muito tempo é que a vanguarda perdeu-se em seus próprios reclames e que tinham ligação com a profissão de publicitários de muitos vanguardistas.

A questão ideológica que definiu a vanguarda, entretanto, não toldou o trabalho dos seus músicos. Haveria, certamente, que atentar para este aspecto: no nacionalismo a visão otimista de uma nacionalidade que se confunde com o industrialismo, com os objetivos nacionais, não impediu que a música brasileira tivesse seus bons compositores. Por serem caudatários de algumas ilusões, nem por isso toda a sua música foi uma ilusão. O mesmo vale para a vanguarda. E não que as coisas não tenham a ver entre si – a ideologia ufanista, a ideologia do poder com a música e vice-versa. A presença de pressões aparentadas com as danças índias, ou calcadas num modelo do tipo em que aparecem em Lorenzo Fernandes, Francisco Mignone ou mesmo em Carlos Gomes (na *Dança dos Tamoios*) podem sobreviver menos como curiosidade do que por sua poética. As obras do grupo de Santos estão indexadas entre algumas das melhores produções do gênero. E não por retratarem ou questionarem uma realidade, mas também por não se negarem à música, ou à musicalidade. Por tal conceito não se entenda uma música em abstrato, que daria razão ao reacionarismo dos que falam na "música" precisamente para negar a sua inserção na realidade; por música, entenda-se precisamente esse trabalho no tempo numa transformação do real, no seu comentário e na sua recusa ao posto, ao estacionário. Talvez valesse a definição de Rousseau de que a música é a arte que busca o belo através dos sons, se isso definisse alguma coisa. Mas pelo que não define, deixa em aberto exatamente o aspecto em que a poética é, afinal, essa dimensão indeterminada e, ao mesmo tempo, muito precisa na sua relação com um tempo que é próprio da música, mas numa mesma medida, próprio do tempo dos homens e do mundo.

O Grupo Música Nova investiu contra o passado na sua forma, digamos, municipal. Tanto na medida em que esse tempo fora alterado pelos nacionalistas – quando já a preocupação pelo "nacional" tinha avançado além do interesse pelo folclore – quanto na medida em que o nacionalismo seria a versão brasileira da música de Beethoven, Mozart, Brahms, Strawinsky e assim por diante. Enquanto os nacionalistas da Semana de 22 persistiam na procura do mundo perdido – algo como a reconquista do espaço do *bon sauvage* e que se encontrava fora das cidades, nos campos – esse eterno mantenedor da mão de obra da indústria brasileira – a música da realidade das cidades avançava. Foi quase ao tempo em que surgiu uma indústria cultural sólida e quando o nacionalismo teve de ficar quase que compulsoriamente no saudosismo do campo, é que se iniciou a contestação da vanguarda. O folclorismo não apenas se transformou numa ideologia da música brasileira; a música brasileira passou a ser folclorista na medida em que seu espaço nas cidades diminuía, tomada que foi pela emergência de uma indústria musical multinacional. Aqui, porém, se desvela uma dimensão insuspeita da vanguarda a que os próprios músicos não se deram conta *in totum*.

Se o governo de Juscelino Kubitschek foi um tempo de desenvolvimento insuflado de fora, não há dúvida de que foi essa visão da cidade em sua nova história e de que esses tempos nada tinham a ver com o folclorismo rural.

Existem duas ideologias em conflito tanto na voga do primeiro manifesto vanguardista (de 1946) quanto no do segundo, de 1965. Nos dois casos, a uma visão ruralista do Brasil, contrapunham as vanguardas a visão cosmopolita das cidades. A radicalidade na inclusão de *jingles* no *Ouviver* de Willy Corrêa de Oliveira tem sua explicação tanto na "musicalidade" que se escutava nas rádios da época, quanto na tendência de valorizar um material sonoro que correspondia ao "admirável mundo novo" do desenvolvimentismo juscelinista. Sem embargo, não era um jinglista cantando o *jingle*, era o oposto, como faria Augusto de Campos em seu poema *Beba Coca-Cola* e que seria repetido em música por Gilberto Mendes; a visão do jinglista não é crítica; e ao fazer um *jingle* com a letra de um *anti-jingle* (*Beba Coca-Cola*) tanto o músico quanto o poeta insistiam numa sátira crítica que estava muito além de tudo o que os nacionalistas podiam tolerar. O nacionalismo é sempre valorativo, em qualquer circunstância. É o que se deplora na música de Villa-Lobos: uma tendência ao grandiloquente e ao sentimentalismo na linha do "porque amo meu país", ou algo como "gosto do Brasil sentimentalóide assim como é".

Sem dúvida, existem diferenças: na primeira voga "internacionalista", quando Koellreuter introduz o serialismo no Brasil; a linha seguida é menos "social" por estar agregada ao expressionismo alemão; ela o é, sem dúvida, nos termos em que o manifesto do Grupo Música Viva reivindica uma visão nova do mundo e um direito a uma cosmovisão segundo a ótica da civilização da cidade. Mas apenas nisso; já no manifesto do Grupo Música Nova a visão de mundo não é reivindicada senão como uma consequência de um fato. No primeiro caso, a cidade aparece como panorama; no segundo é a própria cidade a entrar na música. Não foi por outra razão que o Partido Comunista Brasileiro inferiu da música dodecafônica, uma visão pequeno-burguesa do mundo. Seria pequeno-burguesa por ser uma visão, na opinião do PCB, "parcial", "subjetivista" – termos, aliás, que não escondem suas origens jdanovistas, stalinistas etc. e que refletem os tempos da guerra fria. Na música de vanguarda, a questão já é outra: no uso do *jingle*, do teatro musical, da sátira direta aos concertos e à ópera (como *Santos Futebol Music* e *Ópera Aberta*, ambas de Gilberto Mendes) é o próprio sistema como tal que passa a ser criticado.

Essa dimensão crítica da vanguarda recente é outro aspecto a definir um sem-número de obras que subentende o mundo da assim chamada "cultura erudita" em detrimento, ou antes, a despeito da cultura espontânea, ou "popular". A matéria-prima da vanguarda – aquela na qual se filiam os compositores mais jovens do Brasil, mas principalmente o Grupo Música Nova – é a obra criada, estruturada nos termos de uma sociedade industrial. Não apenas a indústria cultural nos seus *jingles*, mas principalmente a cultura erudita nos seus concertos.

Até nisso a segunda onda vanguardista estaria ligada ao mundo industrial. De fato, muitos dos músicos que participam do movimento, se não estavam ligados à indústria musical – casos de Cozzela, Rogério Duprat –, estavam diretamente a serviço da publicidade – caso de Willy Correa de Oliveira. O mundo criado da industrialização, portanto, é o critério, juntamente com o estamento oficial da música.

Do Grupo Música Viva sabe-se que todos os compositores eram instrumentistas: Guerra Peixe, violinista, Eunice Catunda, pianista, Cláudio Santoro, violinista, Koellreuter, regente e flautista; do Grupo Música Nova nem todos dominaram qualquer instrumento: com exceção de alguns mais, e de um dos líderes do grupo, o maestro e fagotista Olivier Toni, tanto Gilberto Mendes como Willy Correa de Oliveira jamais tocaram em orquestras. Não se depreenda daí que lhes faltasse artesanato, como acusaram alguns nacionalistas; mas não há dúvida de que vem dessa realidade tanto a crítica ao artesanato – aquela a que se referia Adorno ao deplorar o perfeccionismo espetaculoso de um Toscanini – como o outro lado da questão: a necessidade de acoplar à música a realidade de seu envolvimento num mundo claramente reificado. A junção de outros aspectos na música sugere tanto que essa música não subsiste sozinha, quanto impõe que a própria atitude do compositor deve ser a de ir além da musicalidade oficial. Se a música do mundo, envolvida pelo social, é o mundo da música, cabe ao compositor fazer dessa música uma coisa só, ou antes, um fenômeno de ampliação dela. A ruptura com o nacionalismo, portanto, dá-se também ao nível das diferenças entre o que uns e outros valorizam da música. Enquanto na expressão nacionalista o "artesanato" reivindicado por um Guarnieri ou por um Oswaldo Lacerda (discípulo do primeiro) desliga a música de seu meio, na música dos compositores da vanguarda paulista principalmente subsiste a ideia de que não importa a música purificada do mundo, senão na sua forma romântica. A supervalorização do artesanal seria, em última análise, ainda agora, uma forma de alienação: por se encerrar no fenômeno do concerto como o mundo próprio da grande música, a escola romântico-nacionalista renegaria a realidade da música circundante. Seria como na pintura ou na literatura: ao renunciar à realidade da interseção das artes gráficas e da publicidade (ou do jornalismo) na literatura – para fazer uma pintura e uma literatura com o fito exclusivo de captar o leitor – a arte da música estaria se reconhecendo de forma absoluta na sua forma mais abjeta de degradação. O problema do academismo em arte seria esse desconhecimento fundamental do funcionalismo da arte nas sociedades funcionais.

Na medida em que a arte não é gratuita, cabe a ela envolver-se em sua própria realidade para ao menos reivindicar uma identidade perdida. Tal raciocínio não chegou a ficar claro na vanguarda, evidentemente. Enquanto tergiversou em torno de suas próprias crenças, no mundo da produção para inferir da arte de que ela deveria ser um "produto", a arte dos concretistas ou dos músicos que os acompanharam poderia ser uma extensão da publicidade, ou da "produção industrial". Ao fazer um *anti-jingle*, porém, ficou definido que a questão não era tão simples. Pelo menos não para todos. Sabe-se, a propósito, que alguns vanguardistas de outrora desistiram de vez das veleidades de fazer uma arte crítica dentro da indústria cultural; o que aconteceu com Damiano Cozzela e mais precisamente com o compositor Rogério Duprat é muito sintomático. Se a arte não cabe no mundo da produção senão como um produto, não adianta tentar criticá-la pela antítese de um produto que seja o antiproduto.

O problema, de qualquer modo, tem evidentemente raízes ideológicas. No aliciamento dos intelectuais, o capitalismo brasileiro não iria exigir uma adesão maciça senão nos anos em que ao regime constitucional se seguiu o regime militar de 1964. Os anos da democracia liberal que conseguem cooptar intelectuais diretamente engajados no processo de produção, não exigem senão um adesismo funcional. A condição do intelectual é a de prestar serviços. A formulação que faz do mundo passa a existir em consonância com essa tolerância; daí seu engajamento na produção capitalista, como se se tratasse de algo absolutamente inofensivo; é a produção que determina a sociedade, não a sociedade que determina a produção. Compreende-se que Decio Pignatari defendesse a propaganda como uma vendedora de ilusões que pressionariam o sistema. À visão de um produto inacessível, o trabalhador exigira mais de seu patrão. O raciocínio é, em tudo, igual ao de um ministro da Fazenda que, ao descartar a hipótese de agravar o capital, afirmava ser fundamental a existência de uma classe abastada e intocável ao lado dos assalariados cada vez mais premidos por impostos: a emulação subsistiria na sociedade de mercado pelas diferenças abismais entre as classes; seria a sua razão de ser. O mesmo com a propaganda. Na medida em que colocasse a possibilidade de alcançar o produto a ser consumido, ela também seria democratizante. O poeta Decio Pignatari nunca questionou o fato de que não é preciso a publicidade para desencadear a luta de classes numa sociedade de classe e que, pelo contrário, ao colocar a hipótese da ascensão sem questionar o sistema, a propaganda faz exatamente o inverso: tentar escamotear a realidade de que o acesso a certos bens é impossível a quem ganha o salário mínimo.

Seja como for, a discussão sobre as posições ideológicas de alguns dos participantes do grupo concretista tem tanta validade quanto concordar com tais posições. Em qualquer caso, persistiria o fato de que foi a publicidade, ou antes, o papel que certos intelectuais passaram a desempenhar no processo a razão de sua posição ideológica, e não o contrário. Mas vem daí que o equívoco da vanguarda literária e musical radica precisamente na confusão dos termos de seu próprio papel nas sociedades. Por não questionar sobre sua função no processo desenvolvimentista – o que redundaria certamente numa avaliação do desenvolvimentismo juscelinista em si mesmo – a vanguarda brasileira da década de 50 e inícios de 60 deixou-se levar pelo entusiasmo de sua própria perspectiva algo reducionista. Se a arte acompanhasse *pari passu* o progresso na sua mecânica de inventiva compulsória, por este mesmo caminho viria a reboque a sociedade; a verdade da vanguarda não estaria na mensagem nova que lançasse, mas na própria dinâmica da sociedade, que teria sido identificada pela vanguarda e que os países por si mesmos descobririam no instante em que trilhassem o caminho do progresso.

Repetiu-se, então, com a vanguarda o que ocorrera nos primórdios do nacionalismo?

A atitude é fundamentalmente a mesma. Enquanto Nepomuceno repudiava o mundo antigo da monarquia, insistindo na ideia de que o ensino era fundamental e que a dinâmica positivista do progresso era a única resposta aos problemas do seu país, colocava a solução de tudo numa reforma jurídico-institucional. Em relação à vanguarda, principalmente de São Paulo, essa crença não chegou a ser articulada – mas quando os artistas músicos não questionam o social e, pelo contrário, creditam à potencialidade produtiva a capacidade de superação das contradições sociais, repetem em gênero e grau o otimismo dos primeiros nacionalistas. A crença do capitalismo não parece ter sido menor, para a maior parte dos diferentes grupos de vanguarda enfeixados no concretismo, do que o crédito dado pelos nacionalistas à República. Se a música nacional era suficiente para delinear a nacionalidade, a música contemporânea (enquanto se agregasse à inventiva da produção) era a feição correta do mundo tecnológico; na verdade, o seu único modo de ser. No primeiro caso, o questionamento se deu ao nível das transformações jurídico--institucionais; no segundo, a própria dinâmica irresistível do progresso levaria o país a seu desenvolvimento, e à superação das contradições mais intoleráveis das diferenças sociais.

Não são posições unívocas, evidentemente. A vanguarda paulista dos anos 60 manteve as contradições previsíveis dentro de um quadro que, se de um lado foi ambíguo, do outro redundou precisamente no que se poderia prever: enquanto Rogério Duprat adere à produção industrial, inflectindo com armas e bagagens para a música de consumo, Damiano Cozzela aparentemente desiste da composição, Almeida Prado (este da geração mais jovem, contudo, também ligado aos vanguardistas nos primeiros tempos) admite, claramente, que quer fazer música "popular" (a pretensão não leva em conta o fato de que para isso é preciso entrar no ciclo do consumismo, mas este é outro problema). Quanto aos demais, Willy Correa de Oliveira lidera a "esquerda" do grupo e hoje repensa muitos de seus conceitos, enquanto Gilberto Mendes permanece na trilha a que vem se dedicando há anos.

O FATOR POPULAR

O fator popular, portanto, é uma questão importante para os concretistas e os músicos que se identificaram com algumas reflexões do grupo. Mas é um problema importante na medida em que não foi colocado como opção, e sim como consequência desta opção. Num debate realizado na década de 70 em *O Estado de S.Paulo*, dizia o compositor (então "nacionalista") Sérgio Vasconcelos Correa que não havia alternativa para o compositor brasileiro: tinha de escrever na língua de seu povo, ou antes, conforme a música de seu povo. A assertiva dá a medida em que o fator povo entra na história da música brasileira destes últimos anos.

Para os nacionalistas, o povo seria o objeto número um de suas preocupações; nem tanto naquilo que o povo teria de ser, idealmente, numa sociedade industrializada, mas naquilo que ele era inclusive em sua miséria, em seu subdesenvolvimento.

A propósito, no exame das músicas dos nacionalistas contemporâneos e dos vários grupos de vanguarda, existem elementos os mais díspares a mostrar paradoxalmente uma mesma preocupação. Não tanto no sentido de aliciarem, mas como forma de entenderem a realidade dentro de algumas perspectivas comuns.

Alguns destes elementos saem diretamente dos nacionalistas tardios (concedamos que isso exista); mas outros foram obra dos vanguardistas. Por força do nacionalismo como tal, ou antes, das perspectivas de um país onde a dominação estrangeira se faz sentir de forma quase avassaladora, a arte nacionalista nunca deixou de atrair. Seja porque coloca com alguma coerência a necessidade de se inspirar no popular, seja porque tem à mão os elementos que pode usar para denunciar algumas mazelas. É daqui, porém, que saem as fórmulas conciliadoras entre a vanguarda e o nacionalismo. Marlos Nobre tentou mais ou menos isso ao compor *Unkrimakrinkrin*. A obra trata de uma temática cara aos nacionalistas – as relações entre os índios e os homens brancos; a linguagem é igualmente calcada em motivos indígenas; mas o tratamento musical não tem nada a ver com o sistema tonal. O próprio Villa-Lobos não fez nada tão convincente. Marlos Nobre parece ser o caso extremo do músico identificado com determinado tipo de escola que por razões pessoais se aproxima do nacionalismo por vias mais ou menos indiretas. Bruno Kiefer e Edino Krieger parecem ter feito o inverso: chegam à atonalidade pelo nacionalismo.

Em alguns casos seria necessária uma comparação. Examinada sob o ponto de vista do "popular", a preocupação dos vanguardistas parece menos convincente. Das obras que Guerra Peixe e Claudio Santoro assinaram, em sua adesão ao serialismo, às músicas assinadas por Willy Correa de Oliveira e Gilberto Mendes existem algumas diferenças nítidas. Os primeiros, discípulos de Koellreuter, dedicaram-se ao serialismo mais ou menos ortodoxo, e certamente o fizeram por não estarem senão à margem da indústria cultural. Para estes dois músicos, o artesanato nunca chegou a ser posto em questão. Em Gilberto Mendes e Willy Correa de Oliveira, o artesanato musical, ou inclui as modernas técnicas e o *design* dentro de um amplo espectro de uma visão amplíssima tanto quanto possível polivalente, ou estacaria em suas próprias propostas. Os apelos dos nacionalistas continuaram sendo imediatos na perspectiva de transmudarem a música folclórica; para os vanguardistas da segunda geração, aqueles que retomam por assim dizer o manifesto "Música Viva", trata-se antes da música "vida" e da vida música. Não é um mero jogo de palavras. A integração de aspectos insuspeitos na música sinfônica, à conceitualização expressa nos poemas sinfônicos de Berlioz e de Liszt, nascem de uma necessidade de ampliação do mercado musical. A tentativa integradora do poema sinfônico é a mesma que a tentativa integradora da obra de arte total de Wagner: ambas são imediatas à polarização da música como espetáculo democrático e que, por isso, deve ser entendido como concerto que reúna em si os ingredientes de todos os outros espetáculos.

Gilberto Mendes certamente não pensou em "obra de arte total" ao fazer seu *Santos Futebol Music*, no qual participam o público, o regente – que faz de juiz de um futebol hipotético que envolve a orquestra e o público – e enfim os próprios instrumentistas. Mas fez uma "obra de arte total" no sentido de integrar aos elementos considerados "musicais", "a musicalidade" do mundo do esporte numa interação absoluta. *Santos Futebol Music* assimila a "música" no seu sentido contemporâneo de música do mundo, independentemente da feição que ela tem nos teatros e concertos. Ao compô-la, para os teatros e para as orquestras convencionais, pedindo ao público que vaie, grite e cante – ela joga exatamente contra o concerto tradicional. É uma obra revolucionária neste sentido: ela repõe o sentido do *fazer* a música num contexto em que a música não existe no contexto tradicional senão pela sua real contradição com o mundo que a cerca. Neste mundo, já anotava Villa-Lobos, não havia senão lugar para uma música que ninguém escutava. A conclusão vale menos para a música de Villa-Lobos do que para a música de Gilberto Mendes. Colocar um campo de futebol numa sala de concerto corresponde a transformar a sala de concerto num campo de futebol.

Certo. Há que se ver nos *clusters* da orquestra de Gilberto Mendes a tentativa de fazer música. A renúncia à música não pode ser senão a tentativa de recolocá-la no ato estratégico de proclamar a morte do rei para dizer que o rei está vivo. A atitude da maior parte dos vanguardistas brasileiros ligados aos concretistas foi sempre essa: a de estabelecer relacionamentos, fosse com o mundo, com a poesia, com o *design* – a produção em si tomada como uma meta – com o próprio mundo da música e da cultura musical. As citações que Willy Correa de Oliveira joga em suas *Phantasiestueke* são menos homenagens aos citados, Schumann ou Chopin – do que àquilo que estes dois compositores podem representar. A reivindicação da lucidez diante da obra de arte vale tanto para Willy Correa de Oliveira ou Gilberto Mendes, quanto para Debussy ou Mahler. Mas enquanto nestes a citação termina por ser uma referência que conduz o ouvinte ao próprio mundo do concerto, nos casos das citações dos dois compositores brasileiros haveria a tentativa de chegar a ilações que conduzem ao mundo exterior, de fora da música. Haveria uma linha a relacionar a vanguarda com poema sinfônico e a *Gesamkunstwerk*? Nas intenções, sem dúvida, mas com a diferença de que enquanto Berlioz e Wagner relacionam a música com o mundo, para tornar o mundo um prolongamento da música, no último caso é o inverso: trata-se de acoplar o mundo à música.

Não é outra a intenção dos músicos ligados à geração dos concretistas. Em *Ouviver*, Willy Correa de Oliveira associa à orquestra e aos músicos vários procedimentos não musicais que se relacionam com o mundo da indústria cultural; em *Santos Futebol Music* é a musicalidade de uma manifestação esportiva que se acopla à música, ou ainda, no *Blirium C-9*, é o próprio mundo da música que é posto em questão de diversas formas. A reação mais sensível dos ouvintes tradicionais a essas composições se deve a isso: assim como os nacionalistas do século passado abalaram seus contemporâneos por terem insistido no crime de relacionarem à gestualidade do concerto a incorporação da produção por parte do escravo, no caso da vanguarda foram os procedimentos da sociedade laica da indústria cultural a raiz do gesto tão acerbamente combatido. Na mente do ouvinte entra o raciocínio de Raskolnikoff a propósito de Deus: se o Deus do artesanato e da genialidade não existe, tudo é permitido – mas o resto é o desespero. A reação à vanguarda não se faz menos por suas "desafinações" ou "dissonâncias" do que pelo fim da gênese do artesanato que supõe o fim da gestualidade e das convenções imbricadas em todo o sistema musical.

Nem todos os caminhos conduziram apenas à destruição, e os compositores contemporâneos mais consequentes não ficaram nisso. A dissociação da vanguarda com o mundo da música na sua convenção teria de conduzir ao redimensionamento da música nos termos possíveis, e a vanguarda fez isso quando talvez já estivesse repensando sua visão na dimensão possível de arrostar novos desafios – certamente agora mais preocupada na integração da música com o todo numa postura crítica. Refiro-me à participação de alguns músicos no trabalho da universidade. A integração de alguns compositores de vanguarda à Universidade de São Paulo (e não apenas em São Paulo, mas no Rio de Janeiro, na Bahia, no Rio Grande do Sul etc.) viabiliza uma sistemática em que a música passa a ser discutida em todos os seus parâmetros: inclusive no equívoco de prescindir do passado para discutir o presente, como acontece com grande parte dos alunos do compositor suíço naturalizado brasileiro, Ernst Widmer, ou de simplesmente relevar o artesanato instrumental, como aconteceu de uma certa forma com os alunos do Departamento de Música da Escola de Comunicação e Artes da Universidade de São Paulo.

Volta-se às origens: por demolir o artesanato erigido em sustentáculo do sistema (e o é), parte dos músicos da vanguarda evitou durante alguns anos a discussão do tema; fizeram-no tanto na medida em que se desligavam de suas atividades anteriores associadas à publicidade, ou à indústria cultural, quanto no sentido em que outros músicos que persistiram na vida da música tiveram de fazer o oposto, ou seja, erigiram o artesanato exigido pela indústria cultural como única alternativa à música do nosso século. No primeiro caso estão os compositores Willy

Correa de Oliveira, Olivier Toni e Gilberto Mendes; no segundo, Rogério Duprat e Damiano Cozzela.

Não é este o espaço adequado para se discutir as obras destes compositores em face destes problemas. A figura de Willy Correa de Oliveira é ambivalente demais em sua busca tortuosa pelas respostas que nem sempre a música lhe deu para que se insista em definições.

A trajetória musical deste compositor, que inclui em seus primórdios um nacionalismo à Guarnieri, um trabalho junto com intelectuais concretistas, além de uma estreita atividade com a publicidade – de onde, aliás, sai seu interesse pelas teorias da informação e, *pour cause*, pela universalidade de sua cultura, onde a música seria o elemento sintetizador – não cessou de inflectir à esquerda do sistema musical como um todo. Mas já com um tipo de atividade composicional que inclui a história; em sua última obra, um concerto para piano, o processo da citação – que inclui um sem-número de compositores, principalmente românticos – assimila também a música brasileira do passado, mais especificamente a música do período colonial brasileiro, do período denominado "barroco mineiro". As razões para tal procedimento podem ter muitas origens: não há dúvida, entretanto, de que se realiza a partir de uma ideia de historicidade agora imbricada na própria consciência da história do Brasil.

A posição de Willy Correa de Oliveira é complexa: a partir da ideia encontradiça na vanguarda, de que a consciência histórica não admite senão a reflexão e, portanto, a visão crítica da realidade e do passado, o compositor não seria senão o demiurgo dos novos tempos, não tanto numa visão maniqueísta, ou "dopada" do real, mas lúcido e sempre profético diante do mundo. Para Willy Correa de Oliveira, a impossibilidade de fazer música romântica e, por extensão, "nacionalista", é a mesma que a do freudiano em acreditar no amor, independentemente dos instintos; e do socialista, no capitalismo, após o levantamento de algumas questões formuladas por Marx. A perda do paraíso perdido da espontaneidade romântica seria o caminho mais curto, não para o desespero a que se entregaram alguns vanguardistas (que desacreditaram na música na medida em que ela é rejeitada pela sociedade de consumo), mas para a sua redenção. No caso, o artifício do uso das citações – artifício que de resto é uma maneira de decodificar a linguagem de alguns compositores precisamente ao nível dos vários processos de sua criação – teria sua última razão na consciência da história que a vanguarda reivindica para si. Não há nada de novo sob o sol, diriam os céticos, portadores da verdade histórica; há muito de novo sob o sol, sim, diriam os vanguardistas. O novo seria precisamente a consciência dos caminhos usados pelos compositores; a gênese suporia uma lucidez que, por ser genética, pode retomar a história (daí as citações precisamente pela decodificação dos processos composicionais, vários níveis de uma reinvenção constante).

Não se discute: Willy Correa de Oliveira ou muitos de seus alunos são o que são num processo em que entram a USP e as vicissitudes de um país como o Brasil, submetido há anos a uma total descaracterização e a um depauperamento gradativo de suas riquezas e à amnésia compulsória de sua história. A historicidade da vanguarda existiria na medida mesma em que a história do Brasil é um constante alheamento de sua própria realidade. Assim como o "Brasil Grande" do período Medici e da Moral e Cívica é o Brasil da mistificação, que é vendido no atacado como "potência emergente" na razão inversa de sua subserviência, da devastação das florestas, da migração violenta que empurrou 70% dos brasileiros para as cidades, contribuindo decisivamente para a destruição do ambiente urbano e da própria memória nacional, também na vanguarda dá-se a reação à euforia dos anos 50 e 70. Os alunos da Escola de Comunicações e Artes que têm em Olivier Toni e Willy Correa de Oliveira alguns de seus líderes, participam hoje de pesquisas musicológicas que visam à recuperação do acervo musical de Minas Gerais do período colonial. A ideia vem de encontro à visão dos professores da Universidade de São Paulo, numa certa medida os primeiros a reagirem contra a instituição do ensino funcional, atrelado ao "capitalismo selvagem" dos anos 70; e vem a favor da visão a *intelligentsia*, subitamente consciente de seu afastamento de um povo imobilizado pela repressão ordenada desde o exterior. Prova disso é a atitude quase idêntica da vanguarda carioca e baiana no mesmo período, dentro de uma perspectiva, senão crítica, pelo menos decididamente preocupada com o fator povo. Não deixa de ser uma reflexão perigosa na medida em que pode enveredar precisamente para a renúncia à visão reflexiva. A aproximação com a realidade se faria, não na tentativa de transformá-la, mas na imersão quase absoluta nas consequências do processo do real. Assim, a renúncia ao estudo da tradição europeia se daria na crença de que a criação da vanguarda prescinde da reflexão do passado. Quando tal passado, contudo, se mostra pródigo, a atitude seria outra, de adesão e de citação das obras imediatamente ligadas com a modernidade.

Não sei a que ponto Ernst Widmer e Lindenbergue Cardoso, dois dos mais importantes representantes da moderna escola de música da

Bahia, veem a vanguarda como o ápice de um processo que por ser reflexivo por isso mesmo não pode prescindir da visão historicista. As obras destes dois compositores não seguem uma única linha: haveria que estudá-la em todo o seu processo, em suas contradições e em suas transmutações. Mas o compositor Ernst Widmer, ao que eu sei, relega a um segundo plano o estudo do contraponto e da harmonia tradicional. O próprio conceito de modernidade prescindiria destas matérias que, por pertencerem ao passado, seriam em si mesmas dispensáveis. Assim como o fim da figura decretaria o descarte do estudo da anatomia e do modelo nas artes plásticas, a música contemporânea, na medida em que renuncia ao passado, deveria relegá-lo ao lixo da história para onde o condenaram os grandes compositores do século XX. Tal visão tem precedentes; se John Cage dispensa o artesanato, atingindo-o em seus santuários; se o serialismo, último elo a ligar os compositores ao passado clássico, tem também seus dias contados na história recente da vanguarda, por que insistir num passado ao qual estão umbilicalmente ligadas as matérias clássicas que fizeram a música de J. S. Bach e de Beethoven, mas que não contam para o novo mundo musical e geográfico? O problema da verdadeira vanguarda seria apenas o de dar o passo definitivo, desligando-se não apenas do passado mas das formas que o engendraram, a começar pelas matérias afins com este passado. A harmonia e o contraponto seriam algumas delas; mas o seriam também a forma sonata, a fuga e todos os conteúdos que assimilaram estas formas ou que, por sua vez, os determinaram. O supremo passo, o salto qualitativo, teria de ser dado na coragem de renunciar não apenas ao aparato, como fazem um John Cage e todos os que participam do "teatro musical", da música contemporânea, mas na própria preocupação de atingir ao aparato.

Enfim, a ideia não deixa de ser aproveitável. Mas a questão que se coloca, então, atinge a própria renúncia da música em sua forma instrumental. Se o passado não é bom para o informal da música contemporânea, ele não é bom sob forma alguma. A hipótese de que a integração entre as matérias que foram determinadas pelas formas subtrai da vanguarda precisamente seu caráter progressista não pode deixar de ser estendida a todo o resto: como usar um piano sem cair precisamente nos processos de usos que este instrumento impôs e que foram determinados tradicionalmente pelos compositores do passado? Como pensar nos instrumentos de uma orquestra tradicional sem relacioná-los imediatamente com a tradição que os fizeram como são – a forma barroca do violino, o mecanismo tipicamente iluminista do sistema *Bohem* das flautas e dos clarinetes? As questões têm necessariamente de sair por aí afora, e não, portanto, porque o passado deve ser preservado. Realmente harmonia e contraponto são meros processos, tão mais antigos quanto existem no arcabouço das obras dos compositores antigos, tão mais superados quanto contêm em si mesmos estruturas psicológicas e sociais que supõem uma ideia de tempo que o homem contemporâneo deixou para trás. A insistência com que Stravinsky ataca a questão do tempo tem muito a ver com um problema central do homem contemporâneo, onde o tempo cronológico conta sempre numa dimensão especialíssima, apenas referencial. Não é seu tempo real. A grande conquista do impressionismo musical ao eliminar o encadeamento harmônico tradicional foi o ter alcançado a dimensão do tempo contemporâneo nas rupturas constantes da ideia de tempo cronológico que a harmonia tradicional impôs. A grande questão que Debussy colocou a seus contemporâneos foi a ruptura com o tempo que todos aceitavam, mesmo na dissolução wagneriana. Enquanto Debussy expõe claramente uma ruptura, insistindo num tempo que se impõe por propostas sempre novas e numa dimensão em que estados psicológicos são substituídos constantemente por novas propostas, colocadas de formas abruptas, nesta dimensão ele arrebata do seu século precisamente uma de suas grandes características. Esse o encanto premonitório de Glauco Velasquez: sua visão de um Brasil que se transformava na introjeção de uma noção de tempo que se esvaía nas transformações operadas nelas pela fotografia etc.

Ora, não há dúvida de que sob este aspecto, a harmonia, o contraponto, a fuga, as matérias que delineiam um tempo cronológico muito específico (inclusive na concessão à emoção no tempo preciso, depois de devidamente trabalhados durante parte da obra) estão superados pelo fato mesmo de não acrescentarem muito ao homem contemporâneo. Mas se os "estados psicológicos" e o "tempo psicológico", enfim, constituem um estado de quem tem diante de si a história, não há dúvida de que a visão cronológica entra como fator também determinante; e que a ruptura com a música tradicional nesta dimensão historicista nunca relega o passado a não ser, exatamente, na medida em que é também o passado que determina um dos aspectos deste "estado psicológico" que se interpõe aos outros na ideia de *fieri* constante que Debussy descobriu em seus processos composicionais. A rigor, portanto, a renúncia do passado como ponto de partida pode produzir uma boa obra, mas agride o próprio conceito de vanguarda.

Há precedentes, como disse, nesta atitude: assim como se prescindiria do passado pelo que o passado representa – inclusive como escamoteação do presente – tanto a escola baiana quanto alguns compositores jovens do Rio estariam dando aos institutos oficiais uma resposta à altura de suas deturpações. Ainda aqui a vanguarda teria a seu favor esse gesto largo de *épater* para chegar à denúncia. Mas como princípio básico é uma atitude contraditória: não deixa de insistir na ignorância do passado trabalhando exatamente sobre os elementos que esse passado deixou nos instrumentos e na orquestra clássica. Contraponto e harmonia são apenas os ingredientes de um mesmo prato. O resto é a orquestra tradicional que os alunos da escola da Bahia não deixam de manipular e, obviamente, os instrumentos – que se são temperados (ou tendem para isso) não deixam de ter muitíssimo a ver com este velho prato de antanho.

Com tudo isso, porém, a tentação de retorno à tonalidade não parece ser a última preocupação destes compositores – e refiro-me de modo especial a Lindenbergue Cardoso e a Ernst Widmer. Sintomático da atitude do primeiro é a peça intitulada *Em dó*, na qual o compositor bombardeia o ouvinte com a repetição *ad nauseam* de um dó em todas as alturas imagináveis, num procedimento que induz a pensar na nostalgia do tempo em que o dó maior ou menor era, realmente, o todo-poderoso soberano da música.

Se a nostalgia pela tonalidade é ou não um dado do mundo passado, ou antes, dessa tentativa de retomar os caminhos de um povo desconhecido – está aí um tema para discussão e que dá à vanguarda um aspecto novo. Até quando se sabe, a mesma vanguarda que repudiou a aproximação com o mundo reificado, ou que, pela reificação da crença na sociedade tecnológica, chegou à tonalidade, estaria revendo parte de seus conceitos. Na linha do repúdio às matérias tradicionais haveria a tentativa de encontrar o mundo original ao qual não pertencem a tradição europeia e muito menos a vanguarda com seu mundo que obviamente supõe essa tradição. Vem daí, porém, que o mundo redescoberto continua sendo o velho sistema tonal.

Torna-se ilusório, a estas alturas, apostar num paraíso perdido, como se essa possível música original tivesse atravessado os séculos inocente, sem as interferências do processo histórico – o mesmo que impôs a Nepomuceno as mudanças na sua atitude estética, ou que mais tarde iria conduzi-lo para as preocupações que caracterizaram sua derradeira produção.

A questão não pode ser vista na recorrência ou não à tonalidade. Na mesma medida em que a vanguarda abandonou a tonalidade de uma autenticidade que, em princípio, não renega o popular, o reverso da medalha existe: o popular foi e continua sendo permeado pela tonalidade. Todos sabemos o que isso quer dizer: quanto mais a sociedade de mercado penetra as relações entre os homens, tanto mais a tonalidade perde sua função orgânica para exprimir uma realidade que nega *in limine* sua antiga *organicidade*. Adorno já discutiu a questão. O que Adorno não discutiu, muito menos a vanguarda brasileira – embora essa devesse fazê-lo, obviamente –, foram as mediações possíveis em que isso pode se dar numa sociedade subdesenvolvida e dominada como a que existe no Brasil.

A questão é simples: existem diferenças notáveis entre a industrialização imprimida à música de consumo em países desenvolvidos e o seu sucedâneo em países como o Brasil. A reflexão que alguns escritores latino-americanos propõem, a propósito, não deixa de ser uma alternativa. Garcia Marques descreve magistralmente o confronto entre o mundo reificado do capitalismo dependente e as realidades mágicas dos nativos latino-americanos. Os resultados não são apenas artísticos. O que Garcia Marques deslinda é uma realidade inquestionável: que os nativos latino-americanos, afinal, impõem ao mundo reificado sua cosmovisão muitas vezes fantástica. Embora não consigam modificá-la, já que são impotentes para tanto (e certos exércitos latino-americanos estão aí para garantir a "modernidade" à custa de tantos assassínios quantos forem necessários), não há dúvida de que a sua resistência compõe um quadro alucinado onde não faltam as soluções tanto mais inventivas quanto maior é a repressão do mundo tecnológico.

Nos livros de Garcia Marques, porém, os aviões e os automóveis não são realidades de um outro mundo. Ao contrário da visão caipirizada ou decididamente provinciana, ao olhar do escritor, o onírico está integrado no mundo tecnologizado, na medida em que a visão do nativo transforma à sua maneira a realidade dos aviões e dos automóveis (a recorrência aos alucinógenos seria um modo de transpor a barreira da visão linear tecnológica). Mas Garcia Marques não é um inventor do nada. Suas descrições correspondem em maior ou menor nível a toda uma postura que está sistematizada na realidade dos indígenas e daqueles para os quais a tecnologia nada vale, ou seja, não apenas para a América Espanhola, no altiplano ou nas planícies, mas para a América Latina de um modo geral. Não se trata de uma barreira de resistência a uma avalanche deletéria.

Quando um índio, como o cacique Juruna, reclama das condições de seu povo, fá-lo com as armas do civilizado na recorrência ao gravador – mas se defende de forma muito peculiar, inclusive na ignorância deliberada da língua do branco. Sua resistência é obviamente ditada pelas condições em que vivem praticamente todos os índios brasileiros atropelados pela invasão multinacional, a grilagem das terras, a destruição do seu meio ambiente. Juruna é, nesta dimensão, uma peça de resistência tão concretamente engajada no mundo brasileiro, em sua realidade nativa, quanto os operários. Nada distingue estes batalhadores contra a repressão instaurada no Brasil – mas a resistência do índio se faz na peculiaridade de sua visão de mundo. A começar pela rejeição da língua do branco.

Sob este aspecto, a contribuição de Garcia Marques e de outros literatos latino-americanos se faz na medida mesma em que é a realidade primitiva (telúrica) a matriz de suas reflexões. E se nas relações entre os indígenas e o representante do mundo tecnologizado devidamente reificado sobram não apenas o folclore, mas uma reinvenção da realidade, seguida não raro pela morte – talvez na música sub-reptícia desta guerra estejam os caminhos da nova composição latino-americana.

A adesão deliberada ao popularesco, já se disse, não leva a muito: a invenção onírica, pojada de drogas com que alguns artistas contestadores tentam o outro caminho, igualmente não é a solução. Atente-se que é na "música drogada", na criação aparentemente "irracional" que reside o maior triunfo do sistema. Quando se fala de drogas, é realmente de alienação que se trata. Thomas Mann estava absolutamente certo quando repudiava a solução das drogas em nome do onírico que a visão indígena ostenta atualmente como um dos seus trunfos. A invenção sob o influxo da marijuana não é mais criativa que a imaginação da racionalidade, na medida em que será com as armas da racionalidade que deveremos superar a reificação do mundo. Mas cabe, talvez, reverter aos caminhos dos folcloristas e principalmente dos antropólogos. Podemos retornar à realidade circundante independentemente das propostas apresentadas pelo sistema para combater o que não lhe convém. A busca da realidade, ou passa pela sensibilidade superaguda na inquirição de seus motes feitos da resistência criativa dos indígenas e dos oprimidos, ou será sempre uma resposta impotente ao sistema como tal.

Falamos de folclore; talvez alguém possa pensar que seja esta a proposta para um neonacionalismo. Não é o caso. Assim como é difícil reverter ao povo sem cair na tonalidade irremediavelmente degradada, é quase impossível não estagnar no mundo erudito da tradição decididamente europeia.

Volto ao caso da vanguarda mais consequente. É incontestável que na recorrência à metalinguagem o artista discute não apenas a condição da arte, mas sua própria situação no mundo. O mundo beethoveniano, por ser irremediavelmente mitificado, a ponto de obnubilar a visão do real na música contemporânea, é um dado que, sem dúvida, se insere também na realidade latino-americana. Mozart, Beethoven ou Verdi (para inserir um nome cuja popularidade redundou na contrapartida de sua incorporação até mesmo ao folclore urbano) são, quem sabe, tão brasileiros quanto austríacos, alemães ou italianos. É indiscutível que pertencem à cultura da música de concerto, pelo fato de ser a nossa cultura musical precisamente música europeia. Não estamos apenas condenados ao Ocidente: na aculturação do negro e do índio existe a devida conformação. Mas se alguma coisa resta, é precisamente a outra forma de protestar que redundou, afinal, no realismo fantástico dos escritores latino-americanos. Se essa é a via pela qual a música terá de enveredar, está aí uma questão a ser discutida. Talvez a literatura seja hoje na América Latina o que foi a pintura na França do impressionismo debussista (e de Velasquez): quem sabe a literatura seja para os latino-americanos o que significou a música para os alemães no século passado. O nosso mundo seria hoje explicado pela literatura porque o próprio conceito seria fundamental à realidade da técnica: a racionalidade do conceito justificaria o que, na música, seria de qualquer modo rejeitado. Em suma, a via talvez seja esta. E se é certo que os músicos latino-americanos vivem atualmente a encruzilhada dos outros compositores de outros países, a questão talvez seja mais pertinente para os latino-americanos do que para os europeus.

De qualquer modo, a América Latina não deixa de claudicar à sua maneira em torno da questão da técnica. Se não a adotamos na forma com que ela existe, é porque vivemos a era do capitalismo dependente. Mas há alternativa para este capitalismo? Haveria outra forma de integração à economia mundial do Ocidente senão exatamente pela subserviência? É uma questão falsa: os países e os homens vivem sua miséria por serem dominados. Não é outra a razão do subdesenvolvimento. Mas por isso também a resistência aos padrões dos países desenvolvidos, ou antes, o hiato cultural entre aquilo que o Ocidente desenvolvido propõe e o que o outro mundo, pré-colombiano, teima em resguardar. Dizer que esse mundo é que se opõe às sociedades racionalizadas altamente desenvolvidas vale tanto quanto descobrir que Pizarro era diferente de Ataualpa por serem fundamentalmente desiguais os processos dos meios de produção que os conformaram. A relação entre Pizarro e Ataualpa só se tornou compreensível quando um se sobrepôs ao outro. Foi a dominação que tornou Ataualpa racional para Pizarro e vice-versa. Assim também na cultura latino-americana. Foi da razão redundante do choque e da constatação da dominação que surgiu o nacionalismo. Os movimentos nacionalistas nada mais são do que respostas à dominação europeia – disso não há dúvida. Mas são racionalizados à sua maneira, por terem exatamente a dimensão e o alcance da racionalidade do dominador. O índio que ao flechar um espanhol concluiu que ele era, afinal, vulnerável, descobriu no fato tardio o que talvez tenha sido o grande óbice na organização da resistência dos incas ao invasor: o reconhecimento de que os espanhóis não eram deuses. Tivessem racionalizado (ou "humanizado") suas relações com os espanhóis ao nível em que estes racionalizaram os incas (o que, na prática, seria impossível, dado o seu nível de desenvolvimento), os nativos do Peru teriam melhores condições de partir para o confronto. Não venceriam, é certo – mas talvez não fossem eliminados. Na cultura, quem sabe, aconteça o mesmo: as categorias que Alejo Carpentier levanta para explicar a América Latina pouco têm a ver com as que ele próprio, Carpentier, ostenta como homem culto, diplomata, escritor etc. Contudo, ao elevar à racionalidade categorias como o gosto, a cor e o ar das cidades latino-americanas, ele engendra um método racional e lógico para explicar o irracional e o ilógico. Seria essa, na verdade, a verdadeira descoberta e seria esse, quem sabe, o caminho da música latino-americana: esse buscar na realidade do dia a dia o tema para a musicalidade que todos vivemos. Assim como o escravo descobriu no processo de produção a verdade exata do ritmo que os brasileiros herdaram, haveria talvez que descobrir no mundo que nos cerca hoje os caminhos desta racionalidade além dela. O mundo da latinidade americana não seria aquele que conflui com o passado, mas aquele que contestaria o sistema nos termos em que o pensamento progressista (e nativista) feriria de morte esse mesmo sistema. Villa-Lobos dizia que o folclore era ele: chegou a sê-lo, sem dúvida, no sentido em que foi no folclore que ele descobriu sua própria música. Hoje a situação está invertida: cabe ao compositor latino-americano descobrir o folclore que subsiste no serialismo e na atonalidade. Ele pode ter nascido na América Latina antes de ter sido elaborado por Schoenberg e pelos contemporâneos. Aliás, é essa a questão.

A CRÍTICA E A AUTOCRÍTICA

WALTER ABENDROTH – Não seria dever da crítica explicar a ideia que o público faz de si próprio e dos seus próprios juízos?

FURTWAENGLER – Não pode, porém, fazê-lo, mesmo que quisesse e julgasse poder fazê-lo, pois ela própria faz parte do público.

(*Diálogos sobre Música*, Editorial Minotauro, p. 41)

As relações que os músicos mantêm com a sociedade brasileira são em sua essência a história da música no Brasil. Nos compêndios de história artística brasileira não se lê que os compositores brasileiros tivessem privado muito com os outros artistas. É insólito. Mas num primeiro momento isso sequer poderia suscitar estranheza. A profissão de músico sempre esteve relacionada com a função artesanal menos considerada, ou, se quiserem, manual. No Brasil houve sempre uma relação íntima entre o trabalho servil, realizado a partir da habilidade manual, e a atividade musical. Na literatura brasileira e portuguesa, os personagens quando muito tocam um instrumento. Fazem da música a atividade de lazer prazerosa. Já se mencionou a viúva do *Memorial de Ayres*, de Machado de Assis, que tocava "Wagner ao piano". Haveria talvez que relembrar todo o resto, em que os músicos quando muito não passam de personagens secundários. E nenhum é músico profissional.

Dom Pedro I, porém, foi compositor. Tinha certo talento até: as aberturas que ficaram do imperador brasileiro, seu *Hino da Independência* (sem a menor dúvida, uma peça que pelo menos o Brasil pode ostentar como sendo de um de seus ex-governantes), dão o testemunho de um talento não muito encontradiço entre reis e governantes de todos os países. Temos o nosso rei músico como tiveram os prussianos o seu, na figura de Frederico II, ou os ingleses na personalidade de Henrique VIII.

Qual a glória? A não ser pelo insólito e pelo eventual talento a ser redescoberto em um dom Pedro I, praticamente nenhuma. O primeiro imperador do Brasil em momento algum fez de seu talento musical um preito de gratidão à música ou a seus mestres, seja José Maurício Nunes Garcia, seja Marcos Portugal. Como se sabe, ambos morreram na miséria, sem que o imperador os atendesse nas repetidas solicitações de aumentos de suas magras pensões como ex-servidores da Capela Imperial de dom João VI, pai do príncipe. Não é uma história edificante. Mas não o é, não por culpa de dom Pedro I, apenas. De novo pode-se invocar as relações de produção que havia no Brasil e que, na Europa, já estavam superadas quando estas coisas aconteceram por aqui.

O problema remonta a Portugal. As estruturas feudais mantiveram-se não apenas pelos séculos afora num Portugal atrasado, que foi aos poucos se enfurnando na condição de mero fornecedor de matérias-primas das colônias para que os holandeses e principalmente os ingleses as transformassem em manufaturas. Tinha de transferir tais relações aos tempos e às terras brasileiras, num processo que se prolongou aos nossos dias. Ainda hoje a profissão de músico é desvalorizada no Brasil, e não por suas peculiaridades atuais (na verdade já superadas por uma demanda que, pelo menos no que respeita ao mercado sinfônico, vem aumentando de uns tempos para cá), mas principalmente por essa herança cultural, por enquanto inextinguível.

São, sem dúvida, os processos de produção que determinam procedimentos sociais no seu início – mas mesmo quando estes se modificam, estabelecendo novas relações, muitas de suas mazelas persistem.[26] Seria este, porventura, o princípio a nortear um trabalho que ao fazer a gênese cultural do brasileiro, colocasse a profissão de músico entre aquelas que historicamente mantiveram-se à margem da sociedade por suas relações com o trabalho manual. Haveria muito a ser desvelado nesta história toda. E persistiriam, certamente, alguns fatos, como o de que, por ter de se dedicar a seus instrumentos, os músicos muitas vezes se desobrigam de outras atividades ditas intelectuais. Não é o único aspecto da questão.

---

[26] Não são necessárias estatísticas. Basta atentar para a desvalorização social da empregada doméstica, ligada no Brasil à escravatura.

Ao se examinar alguns anúncios e análises de concertos no Rio de Janeiro, no século passado, fala-se dos cantores: registram-se suas falhas – mas a figura do regente mal provoca algumas poucas linhas. O crítico musical Oscar Guanabarino dirige-se uma única vez ao regente dos "Concertos Populares" realizados no Rio em 1897, a reclamar que o trombonista brincava (?) com seu instrumento (acompanhando seus colegas) quando não tinha parte alguma para tocar. O maestro era Alberto Nepomuceno e o crítico musical mais famoso e competente da época não deixou de registrá-lo. Mas enquanto Gustav Mahler era combatido como regente, enquanto Wagner transferia a essa atividade um *status* que já existia na Europa dos fins do século XIX, no Brasil a atividade musical não parecia atrair a atenção da crítica senão para o solista; muito raramente para o regente – mas jamais para os músicos sinfônicos, os integrantes do dia a dia de uma orquestra. A não ser, excepcionalmente, como no caso mencionado.

Já disse: não é uma história edificante. Mahler jamais seria entendido no Brasil quando aconselhava seus alunos a gastarem menos tempo com o contraponto e mais com os livros de Dostoiewsky. A polêmica entre Guanabarino e Nepomuceno a propósito do canto em vernáculo origina-se certamente também daí. Guanabarino, sem o saber, transferia para a língua o que era desprezo, no fundo, pela atividade musical nativa. Cantar em português seria uma atividade talvez tão pouco importante quanto "*tocar* em português"...

Não que Oscar Guanabarino despreze o solista, este *primus inter pares*, que merece as benesses do poder. Na medida em que se preocupa em exaltar as figuras do pianista português José Vianna da Motta, que durante algum tempo tocou nos concertos populares regidos por Nepomuceno, ele fez tudo para exaltar a genialidade, o solismo. Mas as referências às atividades da sinfônica que acompanha José Vianna da Motta nos concertos de Beethoven são mínimas. A não ser no caso do trombonista "brincalhão". Todos hoje podemos imaginar o quadro. Até há alguns anos, o Brasil não possuía sinfônicas dignas do nome. Talvez seja um fenômeno contemporâneo. Os trechos que José Maurício escreveu para clarinete em algumas de suas peças demonstram que o padre compositor contava com alguns virtuoses na Capela Imperial. Mas a ausência de peças puramente instrumentais no seu catálogo quer dizer alguma coisa. E não que o Brasil contasse com orquestras sinfônicas dignas do nome ou que pudesse ombrear com as europeias. Guardadas as épocas, não foi um fenômeno só brasileiro. Louis Spohr, compositor, violinista e regente alemão da primeira metade do século passado, tinha também suas queixas quanto a este item. Numa carta que escreveu a um amigo, observava que ao reger cantatas de J. S. Bach nalgumas cidades alemãs, só encontrava real prazer quando o coro cantava mais forte que a orquestra.[27] Os instrumentos eram um desastre. Mozart também não poupava críticas aos músicos alemães de sua época. Numa carta que escreveu a seu pai, deplorou Paris pela "leviandade" dos franceses – mas teve de conceder que era na capital francesa que se encontravam os melhores músicos de orquestra da época. No Brasil de 1831, ano em que faleceu o padre José Maurício, não seria diferente. Mas não o seria por razões também sociais.

Segundo um levantamento feito por Curt Lange, musicólogo uruguaio que exumou parte do acervo musical de Minas Gerais do século XVIII, havia na região aurífera mineira aproximadamente mil músicos. Os números assustam e aparentemente contradizem a afirmativa de que no Brasil nunca se registrou grande interesse pela música instrumental. De fato, apesar dos trabalhos que vêm sendo encetados pelos musicólogos no sentido de reaver o que se fez em Minas Gerais no fastígio do ouro, neste período histórico o Brasil parece ter tido mais músicos do que nunca em sua história. Relativamente, Minas Gerais com pouco mais de uma centena de milhares de habitantes tinha mais músicos do que existem atualmente em São Paulo, com seus 12 milhões de pessoas. Relativamente é assim; mas existem vários pormenores a reduzirem e a justificarem esses dados. O primeiro deles relaciona-se com a realidade que mencionei de início: esses mil músicos eram negros ou mulatos. Contavam-se, sem dúvida, entre os homens livres – mas não eram na sua esmagadora maioria partícipes da sociedade como elementos que contavam socialmente. Entre os inconfidentes serão encontrados clérigos, advogados e militares; não há músicos profissionais.

Sem embargo, na época da Inconfidência, também na Europa não se favorecia muito a profissão de músico. O mito de que a música sempre se desenvolveu tardiamente em relação às outras artes – tema de discussões sem fim até os primórdios deste século – pode ter alguma verdade histórica. Mas não há dúvida de que a profissão de músico só se tornou "digna" com Beethoven – um músico que abandonou a postura de empregado

---

[27] A menção é feita por Adolfo Salazar em *La Música en la Sociedad Europea*, op. cit.

de luxo, para ser ele próprio dono de seu nariz. A distância que existia entre Beethoven e Haydn (este mais velho, é verdade, mas rigorosamente um músico da corte) é a mesma que existe entre José Maurício e Alberto Nepomuceno. Beethoven nunca admitiu sentar à mesa com os criados da Corte; foi um revolucionário também nisso, já que Haydn sempre aceitou essa condição. Mas Beethoven esteve mais próximo de Haydn do que Nepomuceno do padre José Maurício. Nada menos que 33 anos separam a morte do padre compositor do nascimento de Nepomuceno. Ou seja, do músico da Corte de dom João VI ao músico republicano que vive do seu trabalho – caso de Nepomuceno – há uma distância bem maior do que entre Beethoven e seu professor. Mas enquanto Beethoven assume seu papel inclusive no afrontamento às convenções que impunham aos músicos um papel subalterno na sociedade (quando pintores e escritores tinham já outro *status*), no Brasil esta submissão não persistirá na valorização do bacharel, em oposição ao artesão; este é ainda hoje o homem servil. Existem depoimentos de estrangeiros a darem conta de que a música do século passado era feita por negros. Isto é, a música não era apenas feita por negros ou mulatos – era e foi durante boa parte da história brasileira um assunto para negros, ou, quando muito, para seus corolários na ordem social vigente – para negros, mulheres e crianças.

Por todos estes aspectos, a figura de Carlos Gomes foi importante. Privou da intimidade do imperador Pedro II, não obstante sua atividade de compositor e de músico; mas privou desta intimidade por ser um "eleito". Dom Pedro II não foi menos amigo de outros "eleitos" por se julgar ele próprio, como monarca, uma figura sem par. A amizade que dedicou a Carlos Gomes foi a mesma que o estimulou a procurar Richard Wagner, a assistir à abertura dos Festivais de Bayreuth e a cultivar certa amizade com o conde Gobineau, quando este esteve no Brasil como embaixador francês. A atenção a Carlos Gomes, portanto, estendeu-se a quem dom Pedro considerava como um "igual", não por ser o músico nobre, nem por ser Carlos Gomes um músico, mas por ser o compositor uma personalidade dotada de "gênio". Sabe-se o quanto a categoria de gênio se aproxima da do nobre num certo período da história. Este se impõe por sua linhagem hereditária; aquele é a prova cabal de que se os homens são iguais entre si, alguns merecem mais por seu valor individual. O gênio é a glorificação do mundo burguês; o indivíduo dotado das faculdades muito acima da média justifica em si mesmo as desigualdades sociais em que a burguesia é hegemônica.

Carlos Gomes não deixou de ser o homem dos novos tempos; sua glória advém de um admirável mundo novo – aquele que dom Pedro I jamais reconheceria e que jamais seria suficiente para lhe impor a figura do padre José Maurício.

Mas entre Carlos Gomes considerado um gênio, principalmente por seu sucesso europeu, e Nepomuceno ou Miguez, respeitados antes como homens competentes do que como excepcionais, a distância também não é pequena. E esse é o nó da questão, ou antes, o amplo espectro destas complicadas relações entre os músicos brasileiros do período romântico e a sociedade brasileira. Se analisadas na sua essência, o passo dado pela genialidade de Carlos Gomes não avaliza senão o compositor como indivíduo. Seus sucessos não resultaram na formação de uma escola de música que preenchesse os claros da deficiência das instituições do ensino do Império e muito menos reabilitaram a figura do músico como tal. Os instrumentistas brasileiros, não apenas no Rio de Janeiro, mas em São Paulo e outras capitais continuaram à margem da sociedade bem pensante ou endinheirada. A situação continuaria pela República afora, não obstante os esforços dos compositores educadores, como Francisco Braga, Leopoldo Miguez e outros. E até quase meados do século. Fato notável, por exemplo, é a música do modernismo. A produção de Villa-Lobos é em grande parte pianística, por serem os pianistas os heróis da música instrumental brasileira. Antonieta Rudge, a grande Guiomar Novais, Sousa Lima, Madalena Tagliaferro, entre outros, são expressões do meio musical brasileiro de um período relativamente rico. O pleno nacionalismo que é desenvolvido por Villa-Lobos sob o entusiasmo de Nepomuceno, que não deixou de adivinhar em sua produção ainda incipiente o valor que revelaria mais tarde, é sem dúvida cantado, mas acima de tudo tocado ao piano. Ainda assim, porém, é de se notar que o pianismo brasileiro repousa em grande parte nos dedos bem prendados de três pianistas mulheres. Ainda aqui, pois, em pleno modernismo, persiste a regra talvez agora não tão explícita de que música não é assunto senão para mulatos, negros, ou, quem sabe, para senhoras bem prendadas. Verdade que nos exemplos mencionados verificou-se bem mais que simples talento. Guiomar Novaes foi muito além de uma pianista prendada – isso não é novidade. Mas seria novidade se a predominância de pianistas ocorresse entre homens.

Há gradações e muitas diferenças. O período que precede a República encontra em alguns homens talentos específicos, mesmo para o piano. Mas Artur Napoleão nasceu em Portugal, mais precisamente no Porto, em 1843, num país que dará José Vianna da Motta. Quanto ao mais, procuram-se os ilustres pianistas homens que seriam muito mais talentosos do que as mulheres brasileiras. Hoje, ou a partir de um determinado período, a situação talvez se tenha invertido – mas persiste a questão da falta de instrumentistas em outros setores.

Assim como o pianismo tem causas sociais muito nítidas, as relações entre os músicos e os escritores se faz relativamente tênue. Ocorre que os heróis oficiais da arte brasileira não são os músicos, mas os "homens de letras". Estes formam suas chacrinhas, seus clubes, suas igrejas – não se mencionam músicos entre tais quadrilhas. Fala-se de um encontro entre Nepomuceno e Machado de Assis – mas a menção em si mesma é significativa; não precisaria ser feita se o fato não fosse incomum. Seria impossível pensar numa relação igualitária entre José Maurício e outros intelectuais do tempo. Elas existiram, sem dúvida, mas não porque José Maurício fosse músico, e sim por ser antes de tudo um clérigo. Aliás, a opção pelo sacerdócio se faz em José Maurício precisamente para alcançar a notoriedade social que de outra forma, enquanto fosse "apenas" músico e compositor, certamente não se manifestaria.

Por essas e outras, há que se entender a crítica brasileira de música. No exercício a que se dedicam homens como Machado de Assis há a tentativa sincera de chegar a uma arte que o maior escritor brasileiro do século passado persegue. É indiscutível. Mas dos que se distinguiram, o mais profissional é sem dúvida Oscar Guanabarino. Era professor de piano, entendia de harmonia como um acadêmico. Debateu com Nepomuceno como um profissional, *vis-à-vis* com as teorias do outro. Mas *vis-à-vis* também com o *métier* necessário, ainda que sem a vivência, o talento, ou seja, sem os argumentos definitivos que a obra por si mesma impõe. É aqui, porém, que o assunto toma uma feição nova.

Há uma ideia não muito clara em relação ao papel da crítica. Dizer que ela reflete a opinião pública é tão óbvio e irrelevante quanto afirmar o contrário – que seu papel é secundário. Há um sem-número de provas e de fatos anedóticos, verdadeiros ou não, a comprovarem a reconhecida incapacidade da crítica em detectar os verdadeiros talentos, principalmente dos compositores. Naturalmente, é uma contradição em termos: haverá sempre alguém que escreverá algures que ao contrário da opinião de tal crítico, o compositor é bom – se este for o caso; ou que é mau; ou, enfim, que simplesmente omitirá seu valor, contrariando a tendência de toda uma época. A função do crítico cumpre-se enquanto crítica – não enquanto é este ou aquele indivíduo que a exerce. O músico consagrado que vai para os jornais defender um colega para o bem ou para o mal, faz-se de crítico. Claude Debussy e Ravel defenderam com sua inegável autoridade a *Sagração da Primavera* de Stravinsky, quando se deu a primeira audição da obra em Paris em 1913. Cumpriram uma função crítica; ajuizaram uma definição histórica. Mas o mesmo Debussy foi extremamente injusto em relação a um de seus maiores defensores, Gustav Mahler. Não hesitou em abandonar intempestivamente a sala de concertos em que se escutava a Sinfonia número 2 em dó menor – a *Ressurreição* – do compositor, que nem por isso deixaria de reger suas obras. Mahler, como regente, foi um crítico excepcional (os regentes e os intérpretes, aliás, são críticos também por sua escolha), mas preocupou-se principalmente em não misturar suas ideias composicionais – naturalmente ecléticas – com aquelas que o levaram a executar determinadas obras. Sob este aspecto, a falha de Oscar Guanabarino e de outros críticos foi gritante: não se sabe ao certo como seria Nepomuceno enquanto regente orquestral. Não se tem também maiores informes sobre o verdadeiro desempenho das orquestras brasileiras na época em que aqui estiveram alguns grandes intérpretes.

As falhas atribuídas à crítica, porém, não são maiores do que as que se podem debitar a toda uma época da história musical brasileira. A propósito, Oscar Guanabarino relata um fato que Luiz Heitor afirma ser totalmente infundado, mas que tem seu significado. Contando uma experiência pessoal, Guanabarino afirma que certa vez ele e Carlos Gomes foram ao acaso a um concerto promovido pela Família Imperial brasileira. Do programa constava um trio para piano, violino e violoncelo. Tanto o compositor quanto o crítico chegaram atrasados à récita, e como não possuíssem o programa, Carlos Gomes teria perguntado a Guanabarino de quem era a composição. O crítico informou-lhe que era de Mendelssohn; seria, de fato, de autoria do compositor alemão – mas Carlos Gomes teria então acrescentado que não conhecia Mendelssohn... A história é forte e talvez não seja verdadeira. Para comprovar o contrário, Luiz Heitor cita uma carta de Carlos Gomes ainda ao tempo de estudante a seu professor Francisco Manoel da Silva, em que o músico afirma possuir em seu poder obras de vários compositores, dentre os quais Mendelssohn. E Luiz Heitor acrescenta que "a mentira tem pernas curtas". Não há porque não acreditar em Luiz Heitor: torna-se difícil, de fato, acreditar que Carlos Gomes não conhecesse Mendelssohn. A cultura geral do compositor não era das melhores; na carta citada por Luiz Heitor verificam-se erros visíveis de português – fato que, aliás, já mencionei a propósito de outros textos. Muito dificilmente, porém, o compositor iria ignorar, fosse por qualquer razão, a música de Mendelssohn. Feita a ressalva, contudo, sobra a dúvida: qual a razão da provável mentira de Guanabarino? Supondo-se um equívoco, nem por isso as suspeitas do crítico poderiam ser levadas em conta. Mas se pode supor também que Carlos Gomes sugerisse a ignorância que, afinal, Guanabarino denunciou. As ilações podem variar ao infinito; a menos inverossímil é a de que Guanabarino de fato tenha se equivocado – mas, para tanto, talvez tenha contribuído a ideia que ele fazia de Carlos Gomes, e não apenas desse compositor, mas de boa parte dos músicos ou homens ligados à música no Rio da época.

Debates à parte, contudo, temos um quadro peculiar: de um lado a sociedade carioca desligada da música enquanto atividade profissional; de outro, o melhor crítico do Brasil do fim do século, alheio, ou impressionado em demasia com seus próprios julgamentos a respeito de outro compositor. A questão é clara: Carlos Gomes tinha lá suas razões em se queixar de seus compatriotas. Na frieza com que foi recebido o oratório *Colombo*, sua última grande obra, Carlos Gomes convenceu-se de que já não era mais tão benquisto. Foi morrer em Belém do Pará. Mas suas óperas italianizantes também não acrescentaram muito para modificar a situação da música brasileira; a contribuição de Carlos Gomes ao ensino da música foi nula se comparada com o trabalho dos compositores "republicanos" que se lhe seguiram. Em qualquer caso, a relação entre a música e a sociedade brasileira pautou-se não por comportamentos particulares: Carlos Gomes satisfez-se com sua condição de operista brasileiro para "italiano ver". A seu turno, porém, o maior crítico da época parecia se preocupar também exatamente com isso: a música brasileira estaria salva enquanto a Europa se curvasse diante do Brasil.

Guanabarino não foi um antinacionalista. Se reagiu à música de Nepomuceno e às canções em vernáculo, fê-lo em nome de um senso comum, dos preconceitos que os amadores bem pensantes da época cultivavam. Mas não se rebelou contra a música nacionalista mais ou menos bem-comportada de um Alexandre Levy; fala constantemente em sentimento nacionalista, sem contudo aceitar Villa-Lobos na sua plenitude. Já, então, o senso de nacionalismo nos termos de uma modernidade que investe contra a própria tonalidade, soa-lhe logicamente estranha. Há aqui (como houve algures), um conceito de "povo" que é contraditório na sua proposta. Ou seja, há uma ambiguidade em termos entre o popular e o nacional. Assim como Nepomuceno pensava num povo que só se constituiria em nação quando cantasse em sua própria língua, o conceito de nacional que tem Guanabarino precede a ideia de "povo"; não é o povo que determina o nacional;[28] é o nacional que determina a existência de um povo real. É claro que quando surgiu Villa-Lobos invertendo em parte os termos da questão, Guanabarino tinha de se rebelar. E reagiu a seu modo, conforme sua própria noção de "povo". Mas não foi o único.

A crítica que se seguiu a Guanabarino, esta viveu à sombra de Mário de Andrade. Dizer que Mário de Andrade foi a maior figura da música brasileira como seu mais lúcido pensador é pouco em relação à contribuição que daria em outras áreas, sem deixar de servir à música. Os aspectos literários da obra de Mário de Andrade, ou antes, sua literatura, constituem, por certo, seu maior tributo à reflexão musical. Do Mário de Andrade nacionalista ao Mário de Andrade de *O Banquete* há um mundo – mas o verdadeiro Mário de Andrade talvez seja mesmo o de *Macunaíma*. O realismo fantástico sobre o qual tanto insistem os exegetas da literatura latino-americana encontram em Mário de Andrade, senão um precursor, pelo menos um dos seus mais legítimos representantes. O herói sem caráter é sem dúvida a tentativa da gênese do brasileiro. Mas sê-lo-á precisamente na contradição da ideia de um herói que não tem caráter, quando o caráter é a marca determinante de todo herói digno do nome. O nacionalismo de Macunaíma é, por isso, talvez, a maior contradição do nacionalismo em si mesmo: um nacionalismo que deixa sua consciência na ilha de "Marapatã",[29] por ter de se inserir na Pauliceia Desvairada, reserva muito pouco de nacional numa sociedade capitalista cosmopolita. Já em *Macunaíma*, Mário de Andrade faz a crítica ao nacionalismo regionalista que foi, sem dúvida, uma das marcas da música de Villa-Lobos e, mais tarde, de Guarnieri. A proposta de Mário de Andrade de fazer o levantamento da linguagem brasileira realiza-se em muitos sentidos – mas é na insistência de que a visão unívoca do nacionalismo leva a contradições insolúveis que se realiza a plenitude de sua grande contribuição.

Isso, entretanto, a crítica que segue seus passos não entendeu direito. Entre o paulista que em 1932 investia contra o resto do país numa carta a Paulo Duarte na qual deplora a existência de nordestinos e gaúchos e o

---

[28] Sob o ponto de vista ideológico, o equívoco de Nepomuceno é o mesmo do crítico.
[29] O ato de Macunaíma precede sua adesão a São Paulo, a "cidade macota, lambida pelo Igarapé Tietê", símbolo do mundo novo que só aceita homens sem consciência no capitalismo que se opõe à inocência primitiva do herói.

Mário de Andrade de *O Banquete*, já ligado ao socialismo, a maior parte dos críticos preferiu o folclorista engajado; esqueceu a grande mudança. Mas o fez obviamente por motivos ideológicos.

Pode-se por isso colocar aqui em pauta a opinião de Furtwängler que serve de epígrafe a essas reflexões: a crítica talvez não seja tão importante quanto se pretende, mas o é na dimensão em que não deixa de ser público, tanto como a quer Furtwängler, ou seja, como mera expressão da opinião pública retrógrada, quanto talvez tenha sido Mário de Andrade no passo qualitativo que deu ao fim de sua vida. Um e outro são fundamentais para a história da música. Mas são também antípodas, o que não os desvia desta condição de reflexos do meio social em que vivem. Trata-se de uma condição especial. Começa por um fato óbvio: não é Beethoven que se impõe como tal, são os homens que de um modo ou de outro o aceitam. Somos nós os homens que veneramos Beethoven. Por mais que este se venerasse a si próprio, nunca poderia se tornar o que foi se outros não o alçassem ao nível que conhecemos.

É a primeira ideia a ser desenvolvida: a obra de arte só existe numa dimensão em que passa pelo crivo da crítica. Não me refiro ao crítico individual, o profissional que faz do ato de julgar um ofício mais ou menos bem-sucedido. Criticar vem de ajuizar, julgar. É deste ato que surge a noção de obra de arte, a qual, por razões evidentes, só existe enquanto houver uma crítica. Descartar previamente a crítica profissional caracteriza, sem dúvida, um dos traços dos artistas contemporâneos. O academicismo se dá bem com a crítica pela suposição quase sempre confirmada de que a postura desta é naturalmente louvaminheira em relação ao *status quo*. A crítica de quase todos os países confirma realmente este pressuposto; quando isso não ocorre, cai o crítico na mesma roda-viva dos artistas realmente capazes. A atividade profissional do crítico supõe uma atividade extensiva à totalidade do fenômeno artístico. A aceitação deste princípio evidentemente não é pacífica: há sempre o pressuposto de que a política pouco tem a ver com música, mesmo que músicos estejam em greve e por razões que em última análise têm muito a ver com a política. São inúmeros os exemplos de críticos caídos na desgraça por atentarem de uma maneira ou contra a política empresarial dos jornais que os sustentam. Não é o caso de se discutir esse fato; o que vale para a crítica musical presta-se, em geral, para a maior parte dos jornalistas ou comentaristas diários, incluindo-se aí os cronistas esportivos e repórteres policiais. A estrita divisão de trabalho serve ao sistema na medida em que barra à reflexão das assim chamadas categorias profissionais as várias implicações que interferem nas suas atividades. Com a crítica musical não é diferente. Mas a crítica individual ou institucionalizada pode ser descartada; nunca como categoria inerente à condição de uma obra de arte. Não existe música sem ouvinte, ou obra de arte sem apreciador. Não existe obra de arte que prescinda do "outro", o que vai julgá-la hoje ou amanhã. Sob este aspecto, os artistas contemporâneos – mesmo os acadêmicos, ou tradicionais –, acataram um princípio romântico e mais tarde adotado pela vanguarda, de que cabe ao futuro julgá-los e não necessariamente seus contemporâneos. O dilema é revelador de uma situação em que o artista abandona a postura antiga de artesão para a de artista que é maldito inclusive por atentar contra o sistema artesanal, por si mesmo conservador, adequado à demanda e ao fruidor da obra de arte.

Evidentemente, não é uma situação que tenha a ver apenas com as obras de arte. A gratuidade que a arte contemporânea defende em oposição à demanda institucionalizada pelas sociedades de mercado é um fato novo na história da humanidade; não poderia nunca ter-se desenvolvido senão em sociedades nas quais a programação do sistema não poderia ser desobedecida sob as penas que a sociedade institucionalizou. Havia 40 mil pintores na Paris do século passado; muitos deles dedicaram-se realmente ao mercado. Não se pode supor que estes 40 mil pintores não fossem de uma forma ou de outra necessários à sociedade parisiense. Sabe-se atualmente que dentre eles existiram Gauguin, Renoir e outros. No momento, os artistas malditos de ontem são os monstros sagrados que todos conhecemos hoje, mas não se pode supor igualmente que destes 40 mil todos tivessem um ideário impressionista, ou que vivessem à margem da sociedade. Ao contrário, pode-se imaginar exatamente o oposto sem qualquer margem de erro. Mas a simples existência de artistas "malditos" justifica a desconfiança de que "onde há fumaça há fogo". Tais artistas não seriam porventura malditos fossem outras as condições em que viveram? Não seriam marginalizados se, em última análise, uma crítica não os tivesse anatematizado com todas as consequências que se seguiram? A partir daí, porém, quem ficou anatematizada foi exatamente a crítica. Pelo erro histórico de não ter avaliado e avalizado os artistas contestadores, a crítica teria incorrido no erro imperdoável de assinar sua própria falência.

O fato tem, indiscutivelmente, seu aspecto verdadeiro, e a crítica pagou pelo compromisso que assumiu com o mundo que rejeitou os artistas. Mas foram também os críticos os primeiros a se darem conta da injustiça histórica. Se exprimiam uma nova realidade não importa; foram porta-vozes do reconhecimento público quando antes tinham expressado a voz da reação.

Há aqui a tentação de um paralelismo: se a crítica condena em nome do sistema, ela também supera suas contradições através do sistema em si mesmo. O paralelo faz-se com a sociedade civil. É ela em última análise quem dá o *nihil obstat* ao crítico para reavaliar a obra antes condenada. Não importa se é o talento individual de um único opiniático o avalista pioneiro do artista até bem pouco tempo condenado. A ação individual do crítico encontrará a resposta à altura se os tempos tiverem a sensibilidade, ou a necessidade dessa exumação. J. S. Bach não ressuscitou apenas por vontade de Mendelssohn; Mussorgsky não soçobrou nas cinzas do esquecimento por obra e graça exclusivas do trabalho de Rimsky Korsakov. Há um vínculo profundo a justificar essas ressurreições subitâneas entre o objeto da ressurreição – a obra de arte – e a sociedade que a acolhe.

Não se supõe com isso que a participação individual seja desprezível, ou que a revisão crítica deva restabelecer-se por obra e graça do crítico praticante. Esse fatalismo que não esconde suas origens cientificistas do século passado – e no qual está envolvida parte da teoria marxista da inevitabilidade do socialismo – só impõe um raciocínio: de que a história é justa; mas isso só em parte corresponde à verdade. O compromisso moral da individualidade na busca da revolução, ou da verdade histórica, se quiserem, reside precisamente neste engajamento que pode ou não ser inevitável. Depende precisamente dessa ação individual. O preito que Beethoven devota a Bach – "esse grande harmonista", dirá numa carta – é insuficiente para a reavaliação que se segue. Foi necessário que Mendelssohn comprometesse sua visão crítica para que J. S. Bach fosse reinstaurado. Com o nacionalismo romântico brasileiro, ou antes, com os compositores brasileiros do século passado, a questão é a mesma. Mas não apenas nos limites da ação individual. Disse no início deste trabalho que o Brasil perdeu sua memória. Para recuperá-la, talvez a ação da crítica seja importante. Mas não existe memória individual para o esquecimento coletivo. As condições da música brasileira constituem o próprio Brasil.

A partir disso o tema da crítica ganha sua real estatura. Quando Oscar Guanabarino esquece-se de analisar os instrumentistas da orquestra formada por Nepomuceno para tocar nos "concertos populares" de 1897, fá-lo deliberadamente. No Rio de Janeiro certamente havia alguns instrumentistas. O mesmo Oscar Guanabarino refere-se a uma senhorita bem "prendada" que tocou violino durante as apresentações de José Vianna da Motta. Seria uma exceção. E o pianista Souza Lima acrescentou há algum tempo a um jornalista que São Paulo neste século só passou a ter uma orquestra razoável na década de 30. No Rio de Janeiro a situação seria diferente – mas não precisamente no século passado. Aliás, a crer ainda no pianista Souza Lima, seu depoimento confirma a conclusão tirada algures de que o estudo da música não constava entre as atividades a serem escolhidas pelos homens. O pianista conta que o primeiro homem em São Paulo a se dedicar seriamente ao piano acabou sendo seu irmão – José Augusto Souza Lima.[30] Foi seu primeiro professor, mas foi também um dos primeiros dentre os jovens "de família" a considerar a possibilidade de um futuro como instrumentista. Em suma, exigir da crítica que pensasse diferente é ir longe demais. No entanto, Guanabarino, que lecionou piano durante anos no Rio de Janeiro, não se pejava de fazer análises harmônicas das peças que lhe enviavam compositores bissextos. Considerado isoladamente, Guanabarino foi um crítico avançado para seu tempo: reivindicou para sua condição um profissionalismo que sequer era encarado seriamente por parte da comunidade. Crítico profissional suporia uma atividade musical sinfônica igualmente profissional – não parece ter sido o caso das orquestras da época. Não obstante, Guanabarino militou na imprensa diária opinando e discutindo com todas as consequências possíveis de seu engajamento. Foi o maior representante da opinião musical do Brasil na época. Mas tornou-se isso também no pouco caso que devotou ao problema da inexistência de orquestras profissionais no país. O mesmo se pode dizer em relação a Mário de Andrade; foi o primeiro a denunciar que a pianolatria reduzia o repertório acessível aos brasileiros a algumas obras – não à maior parte do que foi escrito, nem às obras sinfônicas sem as quais a visão da história da música torna-se logicamente deformada. Mas Mário de Andrade, feita a constatação, não parece ter-se empenhado mais em discutir a orquestra brasileira do que em registrar a sua insuficiência. Como crítico da vanguarda que representou o nacionalismo de Villa-Lobos (cujas obras mais avançadas Guanabarino iria repudiar), Mário de Andrade exprimiu sob muitos aspectos a indiferença da sociedade da época perante o fenômeno. Mesmo um Mário de Andrade, pois, não percebeu que na inexistência de orquestra a vida musical brasileira poderia tomar muitos rumos: não os do progresso que supõe esse outro

---

[30] A informação omite o nome de Francisco Mignone, que foi e é pianista.

artesanato do instrumentista. Acrescente-se a isso a reação do nacionalismo à ópera italiana. Graças a essa reação a ênfase nas vozes bonitas (leia-se potentes) ficou reduzida a suas reais dimensões, onde a música como tal nem sempre sai ganhando. Surgiu daí também a relação com a revolução wagneriana, o que não redundou senão circunstancialmente na aceitação da obra operística de Wagner, como uma alternativa à ópera. Ainda hoje pretensos críticos avançados defendem Wagner como ponto de referência de Schoenberg, esquecendo-se de que foi do espetáculo wagneriano como encenação que se desenvolveram algumas ideias consideradas hoje como "puramente musicais". O equívoco estende-se a toda a história da música, já que é impossível conhecer Mozart em toda a sua grandeza olvidando sua produção operística tão ou mais importante do que todo o resto que escreveu. Mais outra idiossincrasia crítica? De modo algum: novamente o reflexo de uma omissão que congrega a totalidade do processo musical dos últimos cem anos no Brasil.

Sob este aspecto, a ideia da existência de um círculo vicioso não parece senão confirmar que o problema é estrutural, o que nos remete à reflexão já desenvolvida do hiato entre o artesanato musical e suas relações com os preconceitos da sociedade patriarcal brasileira, ou antes, com algumas características tipicamente feudais que se registram no Brasil. O fato de muitos compositores brasileiros terem sido mulatos ou negros (esta, por sinal, é uma divisão já por si mesma preconceituosa; seria como se o "embranquecimento" relativo alterasse a condição social destes músicos) demonstra que os musicistas ou instrumentistas em sua maior parte eram realmente homens inferiorizados no contexto social. Por essa razão de ordem sociológica, aos negros não foram dadas alternativas de estudos senão para aqueles instrumentos que atenderiam de imediato à demanda musical. Patápio e Pixinguinha se dedicaram à flauta e ao saxofone, não pelas relações destes instrumentos com o mundo sinfônico, mas por sua vinculação com a música de consumo, o folclore urbano do Rio de Janeiro da época. A formação de Villa-Lobos deu-se menos nos conservatórios do que entre os chorões; isto caracterizou sua música, sem dúvida; mas quando o compositor quis e foi adiante em sua carreira, foi ao exterior que recorreu. Tanto para ver executada a maior parte de suas obras, quanto para imprimi-las: hoje, possivelmente, 90% do que Villa-Lobos produziu pertence à editora francesa Max Eschig, de Paris. Ou seja, os brasileiros devem pagar direitos (*royalties*) a uma empresa estrangeira para executar a obra do mais expressivo compositor da escola nacionalista do país.[31]

Por tal fato, haverá quem veja nisso bons motivos para ser nacionalista, novamente. Por aí a questão realmente não tem limites; mas como não se refere a um único item da produção de Villa-Lobos e da produção musical, os termos da discussão têm de ser muito mais amplos. Pelo fato de pagar *royalties* o Brasil quase não escuta seu mais expressivo compositor; por essa razão, porém, o Brasil não ouve nenhum de seus mais expressivos criadores musicais. Nem tanto pelas razões que explicam a omissão de Villa-Lobos em programas das orquestras brasileiras, e sim porque a pressão da indústria dos discos agora se faz mais determinante. A própria história da música está sendo escrita segundo alguns critérios que têm quase tudo a ver com o lucro e muito pouco com a possibilidade de algumas reavaliações históricas. O que se pergunta é se hoje em dia a ressurreição de uma obra como a de J. S. Bach teria tido lugar em sociedades (tanto do Leste quanto do Oeste) onde a eficiência ao nível da resposta do público é o critério único e decisivo para aquilo que realmente conta, qual seja, a eleição deste ou daquele compositor para ser assimilado pela indústria do disco. A resposta talvez seja positiva; mesmo no Brasil, à custa de algumas iniciativas financiadas pelo Estado, editam-se partituras e discos como respostas bastante convincentes ao domínio do mercado. As alternativas que o Estado apresentaria viriam de encontro à falta delas no setor onde a demanda é viciada pela dinâmica da indústria cultural, na qual se vende o conhecido exatamente por ser esta a fórmula do sucesso. Não é uma frase de efeito; nunca a palavra "novo" foi tão usada no mundo exatamente para que se eternizasse o velho sob todas as formas.

Claro, no caso brasileiro o problema tem muito a ver com a crítica. Tanto no sentido de que quase todos os críticos se satisfazem com a música do disco, talvez muito mais viciada do que se possa imaginar, quanto no sentido mais sério: não se inquire das razões que induzem a nós brasileiros esquecermos o passado imediato de nossa música. Esta, no entanto, é a única pergunta plausível; e pelo fato de não ser feita, surpreende a crítica num momento em que divide com a sociedade sua própria alienação. Não é uma novidade, como já se disse: nos últimos 100 ou 150 anos isso aconteceu amiúde. Mas não tanto por culpa desta pretensa entidade superior que é

---

[31] O interessante é que Villa-Lobos sustentou-se em Paris, durante algum tempo, não como músico a ser editado pela Max Eschig, mas como revisor de partituras.

a crítica, e sim por essa representatividade a que a crítica se propõe, como mandatária da autoridade do *status quo*. Esse é o papel que lhe vem competindo nos últimos anos, anos em que, não por coincidência, a sociedade vem discutindo consigo mesma tendo em vista uma autotransformação.

No Brasil, os termos deste debate talvez só agora possam chegar a uma superação de alguns valores, nem tanto sob o ponto de vista composicional (o grande compositor está ainda por ser descoberto), mas certamente pela cristalização da música de concerto enquanto vida musical, que requer a formação de orquestras, de musicistas e de um público consumidor menos ingênuo ou simplesmente caudatário do que se proclama como o melhor.

O debate tem raízes sociais, evidentemente. A superação do estágio em que o músico enquanto profissional estava atrelado à sociedade patriarcal pelo desprezo que sua profissão provocava, subentende um salto qualitativo importante: já não se vive apenas os valores da sociedade "feudal", onde a profissão do músico é indigna por sua relação direta com o artesanato: a centralização do império voltou a substituir na sua dura realidade os sonhos federalistas da República Velha. Isto quer dizer que é ao Estado que a música continua rendendo tributo no Brasil. Até agora a burguesia não assumiu minimamente seu papel no sustento da cultura; sequer chegou ao ponto de fruir a música artesanal ao vivo. Quando muito contenta-se com a parafernália dos aparelhos de som e nem tanto para escutar a Filarmônica de Berlim, por mais que esta exerça seu fascínio imperial de determinar o gosto do resto do mundo.

Nenhuma estranheza, portanto, em que este mundo seja dominado e que a eleição do que é esteticamente válido dependa tão intimamente dos países hegemônicos. Sem embargo, o Estado no Brasil cumpre lá seu quinhão. E por mais autoritária ou fascista que seja a sua feição dos últimos anos, não há dúvida também de que teve de se valer do capital intelectual já incrustado em suas repartições para coordenar uma política cultural. Assim, temos aqui uma grande contradição. Mas não é a única, nem é, a rigor, tão catastrófica quanto possam supor os autênticos e ingênuos fascistas, muito menos tão benéfica quanto possam julgá-la os autênticos e igualmente ingênuos *soi-disant* esquerdistas. A suposição de que o trabalho para o Estado militarizado se faz segundo um código preestabelecido pelo imperialismo, não faz senão por confundir a complexidade e as contradições deste mesmo estado militarizado, supostamente entreguista em todos os seus quadrantes. A problemática do Estado Novo de uma certa maneira persiste, como persiste a problemática dos intelectuais em se dedicarem à indústria capitalista, aderindo a alguns dos seus postulados sobre produção, como ocorreu com certos concretistas e neoconcretistas, ou então trabalhar para o Estado com seus equipamentos normalmente controlados, mas não a ponto de furar o bloqueio que a própria burocracia como tal opõe, mesmo à vigilância ideológica. Não que os prejuízos tenham sido menores ou que a luta contra a opressão tenha sido vencida; a situação seria outra se outras fossem as condições políticas do país nos últimos anos. Mas alguns equipamentos permanecem, senão incólumes, pelo menos em precário funcionamento. Quanto ao mais, parece mera utopia pequeno-burguesa tentar vislumbrar na moderna sociedade capitalista não autoritária mecanismos menos repressores. Essa foi a ilusão de parte da vanguarda. Ao sonhar com uma "produção" isenta, válida como tal – apenas enquanto produção – a vanguarda esqueceu que toda a produção tem destinatários; e que a "liberdade" da produção intelectual não remove por si a alienação capitalista.

Feita a digressão, o problema da crítica continua. Ela certamente não está fora de discussão; muito antes pelo contrário. E não sai também indene deste fogo cruzado da guerra entre o progressismo e a reação a que está submetida a sociedade brasileira como um todo. Foi sempre assim. A descrição que Oscar Guanabarino faz da figura de Carlos Gomes embasbacado diante de uma partitura de Mendelssohn, por mais que sua imaginação tenha criado o que não houve, é extremamente significativa: registra o que não deixou de ser verdade – que o Brasil vivia na época já o fim da hegemonia italiana, com o surgimento de músicos voltados para o sinfonismo alemão. *Si non é vero e bene trovato*, poder-se-ia dizer.

Mas a reação ao italianismo registrada em parte pela crítica não nasceu do nada; o brahmsianismo de um Francisco Braga, o wagnerianismo de um Miguez e as várias influências que Nepomuceno recebe deslocam a história da música brasileira para um eixo que tem tudo a ver com a feição política da República. O ideal da industrialização é poliforme e plural. O redimensionamento dos horizontes musicais segue a ampliação dos ideais da industrialização. O modelo francês em que nos espelhamos é, por outro lado, amplíssimo. A "segunda pátria", como chamam a França os embevecidos intelectuais crioulos, exprime uma realidade irrecusável: a sociedade parisiense é o modelo artístico por ser Paris a capital deste mundo cosmopolita na sua feição de espetáculo. É uma imagem que se prolongará pelo século XX adentro, tendo sempre como pano de fundo o processo da indústria cultural incipiente que começa na França – mas que por ser tão ampla quanto as propostas capitalistas – praticamente acata todas as tendências de outros países. Daí o wagnerianismo de Leopoldo Miguez, que não deixa de ser um intelectual voltado para Paris; mas daí também o deslocamento ideológico da concepção de arte.

Antes do advento do romantismo os compositores brasileiros ou portugueses foram fiéis empregados da Corte; e fosse ela qual fosse. Marcos Portugal, que morreu em 1830 no Rio de Janeiro, depois de ter sido um dos mais festejados compositores europeus, não hesitou em servir a Junot quando o general de Napoleão desembarcou em Lisboa em 1807. Mais tarde recuperaria as graças da Corte de d. João VI, de Portugal. Pelo fato de ter aderido fortuitamente aos "republicanos" de Napoleão, porém, muitos o considerariam traidor. Não foi o que pensou d. João. Isto é, a desconsideração pelos musicistas valeu a Marcos Portugal o perdão antecipado. Talvez no padrão psicológico dos feudais portugueses não passasse a ideia de que um músico pudesse nutrir outros valores que aqueles de sua classe; e o patriotismo não estava de qualquer modo entre as exigências que se poderia fazer em relação a um artista.

No romantismo é diferente. Do novo homem saído das ideias republicanas exige-se a integridade de seu pensar à causa da cidadania. Um oficial brasileiro, Balbino Besouro, que participou do movimento republicano, observou que "se não fosse a propaganda não teríamos vencido, ainda mesmo que se triplicassem as baionetas".[32] Para um moderno estrategista saído da Escola Superior de Guerra, talvez a palavra adequada fosse "guerra psicológica" ou qualquer outra expressão do jargão militar – mas a verdade é que a propaganda subentende exatamente o que é: a adesão ou a aparência dela a uma causa precisa ser divulgada para vencer. Sob certos aspectos a propaganda é o resultado natural do democratismo republicano: se cada homem vale por si e se todas as ideias são teoricamente discutíveis, o proselitismo é um princípio a ser seguido.

Compreende-se que Marcos Portugal não encarasse o assunto nestes termos e que Beethoven fizesse uma *Eroica* com a intenção de homenagem que teria mesmo de ir além do mero louvor. O fato significativo na homenagem de Beethoven a Napoleão, na *Eroica*, é que ela ultrapassa a função da dedicatória interesseira para ser o louvor à ideia que Napoleão

---

[32] Citado por Heitor Ferreira Lima *in História Política Econômica e Industrial do Brasil*, Companhia Editora Nacional.

representa. O que não parece ter sido entendido em relação aos românticos e particularmente a Miguez é a sua adesão consciente à causa republicana, como transparece no poema sinfônico *Ave Libertas*. A obra é grandiloquente; tanto talvez quanto imaginavam a República Miguez, os militares e intelectuais que a idealizavam. Na adesão à ideia de grandiosidade que Wagner desenvolve, Miguez identifica não apenas uma forma de chegar ao grandioso, mas a ideologia que ele vislumbrava na música do alemão e que estava relacionada ao mundo de então nas "ideias fixas" (ou "motivos condutores") que se desdobram e se impõem na medida em que se postam como constantes desafios. O que Miguez identificava no cromatismo wagneriano não era a realidade que em Debussy será constantemente posta em questão, mas a possibilidade de que uma "ideia fixa" (para usar a expressão de Berlioz) acabasse por fim triunfando sobre a realidade, fosse ela tão cambiante quanto possível. O mundo "instável" de Wagner – e por extensão de Miguez – é, indiscutivelmente, o mundo em transformação do capitalismo; mas ao contrário da visão debussista (que existirá em Velasquez), à visão "wagneriana" de Miguez impõe-se um ordenamento ideológico. Se Miguez leva à caricatura esta "ideia fixa", eis aí uma questão de talento. Mas que não deixa de ser a seu modo a caricatura em si mesma da república brasileira que, de fato, já nasceu deformada na dimensão exata de um mero golpe de Estado consignado como uma verdadeira revolução, quando não passou mesmo de "uma parada militar", como a definiria Euclides da Cunha. Foi, em verdade, para essa "parada militar" que Miguez escreveu *Ave Libertas*, e se da retumbância de canhões ficou apenas o esforço, a questão é outra. O que importa é que Leopoldo Miguez não foi um anacronismo; ligou-se a uma das alternativas ideológicas que o mundo contemporâneo de então se lhe colocava.[33]

---

[33] No contexto cromático, a "ideia fixa", ou antes, *o leitmotiv*, é um pouco o processo da propaganda institucionalizada e incrustada na música. Não se fala logicamente de uma propaganda erigida em processo. Reduzir à propaganda o *leitmotif* é não atentar que esta saiu, enfim, *do leitmotiv*. O contrário é que é verdadeiro, portanto. Mas há no *leitmotiv* algo bem próximo da ideia força; é por aqui que deve ser vista a possível inspiração de Wagner ao fascismo. Não é a única nem é a mais clara – mas é indiscutivelmente a construção de um "estado" ideal tomado tanto quanto uma situação, quanto na ideia próxima do "Estado" hegeliano. Em termos muito esquemáticos: o aspecto movediço do cromatismo seria a forma mesma da realidade; o *leitmotiv* seria a ideia força a conduzir a instabilidade até sua verdade, no caso, e não raro, ao acorde perfeito.

É evidente que Miguez foi diferente de Carlos Gomes, e não poderia ser de outro modo. Mas ele o foi nesta outra dimensão que a crítica da época e os modernistas evidentemente desprezaram. A adequação da arte a seu mundo, que tem como consequência a sua institucionalização, faz-se, por parte da crítica na construção de uma ideologia que tem, necessariamente, de se adequar à realidade. Mas o oposto acontece; e nem sempre por parte da crônica musical. A tentativa de captar a realidade no seu outro aspecto – naquele em que é a arte que sugere o novo mundo – dá-se também na tentativa de conceitualizar novos valores. A crônica em que Roberto Gomes descreve a reação com que o público do Rio de Janeiro descobriu Debussy, em 1908, quando foi regida pela primeira vez *L'après-midi d'un faune*, é um ensaio que busca se aproximar da própria realidade da obra. O autor conta a saída dos ouvintes da Exposição Internacional onde se realizara o concerto à maneira que ele considerava "impressionista" – com episódios entrecortados, algo como se fossem os acordes inconclusos de Debussy. Vale a pena conhecer o texto,[34] descrito por Ayres de Andrade na *Revista Brasileira de Música*.

---

[34] À saída do teatrinho, onde vibram as últimas notas *do Prelúdio para a Tarde de Fauno*, de Claude Debussy. O crepúsculo é sereno e luminoso. As estrelas brilham quietamente no ar profundo enquanto que os pavilhões começam a flamejar e que, ao longe, corisca a porta monumental. Os elegantes estão descendo a escada do teatro. Voltam uns para suas casas. Os outros vão jantar no *Pão de Açúcar*. Trocam-se os penúltimos apertos de mão, ressoam os *adeusinho, até amanhã* e nesse borbulhar confuso de despedida, percebem-se, a espaço, retalhos de frases que se cruzam, miudinhas no ar límpido, como um enxame de moscas brilhantes.
– ... afinal de contas, o Debussy...
– ... transcendente! piramidal! fenomenal!
– ... só não vaiei porque estava de sobrecasaca...
– ... o maior gênio de todos os tempos...
– ... fazer música assim não é difícil! Você pega...
– ... progressões harmônicas fundadas...
– ... durou nove minutos...
– ... e o Braga regeu sem partitura...
– ... Agora, não. Que criatura grosseira! depois de uma música tão imaterial!...
– ... como se fundem tão deliciosamente no murmúrio das harpas! Que fluidez! Ah!, isto é até violar-nos a alma...
– ... música faunesca...
(Crônica de Roberto Gomes publicada na *Gazeta de Notícias*, com o título "A Música na Exposição. Impressões Debussianas. Pequena Fantasia para o Teatro Nacional" – *Revista Brasileira de Música* – 2 – página 20.)

Pena que os modernistas não tivessem atentado para o pormenor; ou que tivessem confundido a perda da memória musical e as confusões perpetradas pela crítica tradicional com a realidade imediata da música feita pelos compositores considerados "oficiais", mas que, na verdade, jamais se juntaram aos que buscaram a hostilização dos futuristas, ou modernistas.

Aqui caberia um registro contrário em relação a tudo o que se pensa sobre Mário de Andrade: seu papel como crítico foi determinante para o modernismo, mas sua visão do passado imediato que ele provavelmente conhecia e que, por razões ideológicas repudiava, foi em tudo pouco convincente. Suas opiniões sobre as canções de Nepomuceno são ligeiras demais, para dizer pouco; ele insiste nos erros de prosódia musical do compositor romântico para dizer apenas que os versos não estavam adequados à música. Não disse que a música de Nepomuceno foi e é uma das mais bem acabadas sínteses da música do século passado na sua feição europeia, com laivos nacionalistas. Nepomuceno não viu em Villa-Lobos seu *alter ego:* era talvez germânico demais para sentir em Villa-Lobos seu continuador. E Villa-Lobos, pelo menos no seu início, foi francês em demasia para o gosto germânico de Nepomuceno.[35] Estas eram questões, porém, que não poderiam e que não foram mesmo levadas em conta pelos modernistas. Ou seja, o que se condena na crítica da época modernista será sempre, sem dúvida, sua incompreensão em relação à música exarada da Semana de 22; mas ela não foi menos alienada por ter discutido o problema do nacionalismo nos termos dos modelos europeus, uma síndrome que, aliás, se prolongará também à vanguarda; a crítica vanguardista, incluindo-se aí certamente o autor deste ensaio, não poucas vezes direcionou sua mira à Europa para criticar a realidade brasileira. O Brasil visto através da Europa, eis aí um problema que nem um crítico lúcido como Mário de Andrade conseguiu evitar.

Volto a Leopoldo Miguez e sua *Ave Libertas*. A obra parece não valer senão pela propaganda que instaura: não mais uma propaganda institucional, nos moldes com que um Carlos Gomes cantará as glórias da princesa Isabel em *Lo Schiavo*, muito menos à maneira profissional com que um Marcos Portugal escreve seu *Hino da Independência Brasileira*. No primeiro, a obrigação pela protetora vale-se de um motivo

---

[35] Mas Villa-Lobos sofreu influência de Nepomuceno, embora essa seja outra história.

aparentemente alheio aos atos do poder; no segundo, tem-se apenas a obrigação do ofício de saudar o ato de um soberano eventual – no caso dom Pedro I. Já com Leopoldo Miguez a coisa funciona nos moldes de suas convicções pessoais. Não menos bajuladoras, quem sabe; mas não menos inseridas na visão que Leopoldo Miguez tem do seu mundo, do seu país e das suas convicções pessoais. Provavelmente não tão entusiastas pela República quanto sugerem as trompetadas do interminável final de sua *Ave Libertas* – uma obra sinfônica preocupada em cantar a modernidade (ou o que se entendia como tal) numa orquestração luxuriante que, quanto menos, deve ter convencido os militares.

Não se trata do proselitismo que mais tarde iria aparecer sob o nome de realismo socialista, ou de arte engajada. Na visão romântica a arte reflete os anseios da alma. Não é estritamente política no sentido convencional, já que o programa tem pelo menos a precedência do poema e não do tratado ideológico. Quando Liszt escreveu *d'après Lamartine* a propósito do seu *Prelúdios*, estava dando a fórmula a ser adotada por Miguez, que escreverá o seu *Parisina d'après Lord Byron*, ou Francisco Braga, que fará seu *Marabá* a partir dos versos de Gonçalves Dias.

A questão do nacionalismo, pois, se insere num programa mais amplo; ou melhor, vem a reboque das próprias intenções programáticas da música. É por isso que a crítica da época falará em "arte nacional"; nem tanto para exprimir o que possa ser considerado nacional acima das regras musicais – já que estas devem ser preservadas – mas simplesmente para reivindicar uma marca.

Esta será a propósito a exigência básica que os modernistas comandados por Mário de Andrade farão nos primórdios do nacionalismo de 22. Pelo vezo de exigirem essa fidelidade a uma ideia, músicos e musicólogos não hesitarão em descartar certas figuras, como Miguez, ou elevar outras, como Oswald e Gallet. Se estes são melhores que aquele é outra história. Pelo mesmo motivo, entretanto, Mário de Andrade apontará defeitos em Nepomuceno.

Evidentemente, não se pode inferir disso que cabe aos modernistas a culpa pela amnésia nacional. Pelo caminho que Miguez busca a modernidade através de Wagner, ou que certa vanguarda prosseguirá neste movimento centrífugo discutindo até hoje as querelas ideológicas entre Eisler e Schoenberg (como se essa questão fosse decidir sua própria existência), também os modernistas procuraram no exterior os modelos exatos para construírem sua obra "contemporânea". Não é outra a intenção de Oswald de Andrade: o movimento antropofágico nada mais é do que consciência exata de que os elementos alienígenas devem ser devorados para que da digestão nasça a arte autêntica – aquela que ao passar pelos intestinos surgirá do outro lado como nossa, como autenticamente brasileira etc. etc. Mas se a antropofagia oswaldiana não disfarça sua intenção consciente de digerir sem discriminação, cooptando a sociedade como um todo sem a crítica prévia, para que os intestinos façam a seleção natural, os modernistas parecem ter ficado na mera expectativa da pequenez da questão a ser discutida.

Seja como for, pode-se vislumbrar o fim desta discussão da qual a crítica é a maior protagonista. Disse que a identidade entre a crítica e a sociedade se fazia no nível da aquiescência daquela em relação a esta; ou antes, da compulsoriedade com que a crítica agia sob o influxo da sociedade. Pela realidade dos elementos colocados em pauta é assim mesmo. Se a sociedade patriarcal não tivesse subestimado a função artesanal num país onde o artesanato só nos últimos anos recebeu seu verdadeiro influxo, a crítica não o faria diferente. Mas por não ter feito isso, relegou o assunto a suas verdadeiras dimensões: caberia certamente a discussão sobre a memória nacional se a música não dependesse dos artesãos – mas ela depende. E o esquecimento da música brasileira enquanto história fez-se exatamente pelo abandono gradativo da necessidade de se formarem músicos sinfônicos. A ilusão de Miguez pode ter sido essa – a de pensar numa República com uma vida musical seguríssima, independentemente das relações sociais. O clima ideológico e acadêmico é o mesmo do *Triunfo da Paz*, de Victor Meirelles, com sua grandiloquência sem motivo. Mas Miguez, pelo menos, recorre a uma fórmula que ele julga compatível com a ideia de modernidade. Os trombones, os trompetes, a tuba, o peso dos metais, conferem a *Ave Libertas*, a *Parisina* e a outras a visão de uma República que deveria mudar a face do país. É uma ingenuidade, e vem daí sua fragilidade, quando não sua falha; é neste sentido que Miguez distancia-se da realidade do seu tempo e do país: suas "pompas e circunstâncias" (ainda que progressistas para a época) correspondem a um ideal a ser alcançado. Nepomuceno não desconhece as fórmulas; mas sua orquestração persegue uma aproximação com seu mundo: ao usar o clarinete baixo (clarone) no final de uma das suas últimas canções ele enriquece a palheta de sua instrumentação, isso é indiscutível; mas o desenho melódico-rítmico reporta-se à música popular.

Essa aproximação com o popular, por sua vez, confundiu: a realidade seria apenas o folclore. Foi isso que a crítica viu; mas a verdadeira questão é a realidade com suas várias nuanças. E se a crítica brasileira ainda não foi além da sociedade, deve-se em muito ao fato de a sociedade não ter ido além de si própria. É aqui que surgem as ideologias. A discussão musical brasileira, por isso, vive hoje uma encruzilhada: pela emergência de uma indústria cultural fortíssima cuja influência é avassaladora, sente-se claramente que a ilusão da miragem penetrou nos corações e mentes muito além do previsto. Se antes a crítica esvaía-se na admiração do mundo novo exportado; se Guanabarino chegou a defender sinceramente a impossibilidade da canção em português diante das peças excepcionais de Nepomuceno, hoje revive-se uma alienação semelhante: já agora não é a música italiana ou o sinfonismo sem sinfônicas que nos embasbacam; é a música de alto consumo; aquela que num dia elege seus gênios para esquecê-los depois de devidamente consumidos. E como Beethoven, ou Schoenberg, e todos os outros não estão neste "carrossel das loucas", tem-se os equívocos: de um lado, teses de universidades dedicadas à música de consumo feitas não por músicos, mas por sociólogos; e de outro, os próprios músicos de concerto cedendo a cada passo, como se a manifestação maravilhada de amadores fosse sua única alternativa.

Refiro-me a tudo que aí está, mas principalmente ao seu corolário: os chamados concertos populares. Em nome de pretensas popularizações, vestiram-se Mozart e Beethoven de roupas aparentemente novas para que os andrajos da música dita popular pudessem encontrar o alvará de que a indústria cultural de qualquer maneira necessita. Idem em relação às teses universitárias a consagrarem discussões exaustivas não a músicas, ou ao fato musical em si – mas às letras e às possíveis "tendências" sociais a serem perscrutadas na música industrializada.

Sem dúvida, temos aí o colaboracionismo da crítica; foram os críticos e os músicos sinfônicos os primeiros a cederem à tentação do brilho fácil das luzes da TV. Pelo isolamento a que se submeteram, primeiro pelo desprezo social de sua profissão, a seguir pela incompreensão do sucesso dos astros construídos pela indústria, não foram poucos críticos e músicos que se entregaram à música de consumo como única solução. Muitos o fizeram para sobreviver; tudo bem; outros, porém, cerraram fileiras em torno da ignorância deliberada de sua própria (in)formação. As sinonímias estabelecidas entre a música puramente artesanal e a outra, calcada num indiscutível virtuosismo, e não raro em versos de certo valor, levaram muitos a confundir os termos da música em si mesma.

O problema tem a ver com o tipo de desenvolvimento brasileiro. As diferenças entre a miséria absoluta e a riqueza arrogante não poderiam redundar senão numa indústria cultural igualmente pouco comprometida com a complexidade cultural do país inteiro. No Brasil a televisão, por exemplo, nunca se viu compelida a aprofundar certas questões na medida mesma em que muitas destas questões interfeririam na própria estrutura de poder. Não que a recorrência a Beethoven ou a Schoenberg, ou mesmo a Villa-Lobos pudesse ameaçar minimamente a sociedade burguesa como um todo (há quem pense que isso poderia acontecer); mas porque as implicações deste todo seriam uma concessão perigosa a um nível de debate que talvez ameaçasse a hegemonia absoluta do universo consumista.

Essa talvez seja a outra culpa da crítica: não ter debatido a música brasileira nos termos de sua própria realidade. Seria talvez difícil, senão impossível, reinstaurar alguns debates na sua real complexidade. Ainda que fosse fácil demonstrar a atualidade de algumas soluções de Nepomuceno; ou ter ainda a possibilidade de denunciar os clichês e pastiches perpetrados por alguns compositores populares considerados "geniais" por setores altamente versados em literatura – mas absolutamente ignorantes em música[36] – seria certamente dificílimo permanecer coerente em meio às próprias mazelas que a música de concerto impinge. A crítica musical, sem dúvida, cedeu terreno exatamente por isso: não sentiu o alvará da sociedade para ampliar o debate da música de concerto nos termos em que talvez a sociedade devesse ser atingida. Mas sentiu-se também compelida a encolher-se pela avalanche da indústria cultural que restringiu os debates da música a outros termos que os seus próprios. Nada de estranho que os músicos de concerto mais famosos (com raras e honrosas exceções) sejam aqueles que se comprazem em repetir que a música de Beethoven é tão boa quanto a última canção de sucesso; nem todos os críticos os acompanham nos equívocos desta opinião; mas existem compositores e maestros que compartilham destas premissas. E nestes termos não há muito o que discutir – mesmo porque, como disse,

---

[36] A ignorância, no caso, refere-se ao repertório da música de concerto, não às suas especificidades técnicas.

a contrafação são os teatros arcaicos, a péssima formação da maior parte dos músicos sinfônicos.

A sombra da sociedade brasileira, portanto, encobre alguns aspectos importantes da música do Brasil. Essa é a outra causa do esquecimento do nosso passado: quem não é visto não é lembrado, diz o ditado popular. Valha-nos para definir uma situação que não diz respeito apenas ao passado, já que é a música de concerto em si mesma que está sendo postergada; a de ontem por várias razões. Mas tanto a do passado quanto a do presente pela outra razão de que ninguém a escuta, já que à sua frente ergue-se impávida a mesma estrutura que privilegia uma indústria cultural relativamente sofisticada na sua malícia, para que maior seja a dominação de todo um sistema. Os termos da questão são estes. Enquanto persistir uma música sem músicos, não será a sociedade brasileira a apertar o passo que a crítica não dá. Ou talvez o seja. Mas haja tempo: é também de uma sociedade nova que se fala, e não de uma nova crítica, e de uma nova música.

BIBLIOGRAFIA MÍNIMA

Adorno, Theodor Wiesegrund, *Filosofia da Nova Música*, Perspectiva, 1976, São Paulo. _____. *Essai sur Wagner*, Gallimard, 1966, Paris.
_____. *Mahler*, Les Editions de Minuit, 1966, Paris.
Andrade, Mário, *Macunaíma*, Biblioteca Universidade de Literatura Brasileira, 1978, Rio de Janeiro.
Assis, Machado, *Crônicas*, Cultrix, 1961, São Paulo.
Berlioz, Hector, *Mis Memorias*, Schpiare, 1945, Buenos Aires.
Candido, Antonio, *Formação da Literatura Brasileira*, Editora Universidade de São Paulo, 1975, São Paulo.
Cunha, Euclides, *Os Sertões*, Editora Três, 1973, São Paulo.
Duarte, Paulo, *Mário de Andrade por ele mesmo*, Edart, 1971, São Paulo.
Fernandes, Juvenal, *Dos Sonhos à Conquista, revivendo um gênio da música*, Fermata, 1978, São Paulo.
Filho, Caldeira, *Os Compositores*, Cultrix, 1961, São Paulo.
Freitas, Décio, *Insurreições Escravas*, Movimento, 1976, Porto Alegre.
Hanslick, Eduard, *Lo Bello en la Musica*, Ricordi, 1947, Ricordi, Buenos Aires.
Hobsbawm, Eric, *A Era do Capital*, Paz e Terra, 1977, Rio de Janeiro.
Kiefer, Bruno, *História da Música Brasileira*, Editora Movimento, 1976, Porto Alegre. Leibowitz, René, *Introduction a la Musique de Douze Sons*, L'Arche, 1949, Paris. Mariz, Vasco, *Figuras da Música Brasileira Contemporânea*, Editora da Universidade de Brasília, 1970, Brasília.

Mattos, Cleofe Person, *Padre José Maurício Nunes Garcia: catálogo temático*, Conselho Federal, 1970, Rio de Janeiro.

Motta, José Vianna, *Música e Músicos Alemães*, Instituto Alemão da Universidade de Coimbra, 1941, Coimbra.

Nóbrega, Adhemar, *As bachianas de Villa-Lobos* e *Os choros de Villa-Lobos*, Museu Villa-Lobos, 1971, Rio de Janeiro.

Roland, Romain, *Beethoven*, Cosmos, 1960, Lisboa.

Salazar, Adolfo, *La Musica en la Sociedad Europea*, vols. I e II, Fondo de Cultura Econômica, 1946, México.

____. *Los Grandes Compositores de la Era Romantica*, Aguilar, 1958, Madrid.

Salzman, Eric, *La Musica del Siglo XX*, Victor Leru, 1967, Buenos Aires.

Stravinsky, Igor, *Poética Musical*, Publicações Dom Quixote, 1971, Lisboa.

Tarlé, Eugene, *Napoleon*, Editions en Langue etrangères, Moscou.

José Miguel Wisnik

GETÚLIO DA PAIXÃO CEARENSE
(Villa-Lobos e o Estado Novo)

Agradeço a Arnaldo Contier a
indicação das fontes de consulta
sobre o programa do Canto Orfeônico.
Dedico a Marilena Chauí

Arpejo

o tema
    desta
        pesquisa
            o nacional
                e o popular
                    na cultura
                        brasileira
                  é
                              um
                                  convite
                                ao
                                          erro
irrecusável

NACIONALISMO MUSICAL

NACIONAL-POPULAR, VANGUARDA-MERCADO

É mais do que sabida a ligação que os compositores *nacionalistas* brasileiros tiveram com o *popular:* Villa-Lobos, Mignone, Lorenzo Fernandez, Camargo Guarnieri, Luciano Gallet, para citar alguns, usaram fartamente o material "folclórico" na composição de suas peças, e é esse uso que marca o perfil característico tão reconhecível na música de todos eles. Mas o que pouco se fala é que o povo homenageado e imaginado por esses músicos, o povo bom-rústico-ingênuo do folclore, difere drasticamente de um outro que desponta como anti-modelo: as massas urbanas, cuja presença democrático-anárquica no espaço da cidade (nos carnavais, nas greves, no todo-dia das ruas), espalhada pelos gramofones e rádios através do índice do samba em expansão, provoca estranheza e desconforto.

"Nosso populário sonoro honra a nacionalidade", dizia Mário de Andrade no *Ensaio sobre a música brasileira* (1928), referindo-se às virtudes "autóctones" e "tradicionalmente nacionais" da música rural. Essa raiz, que serviria de base à pesquisa da expressão artística brasileira, deveria ser cuidadosamente separada da "influência deletéria do urbanismo", com sua tendência à degradação popularesca e à influência estrangeira.[1]

---

[1] Ver Mário de Andrade, *Ensaio sobre a música brasileira*, São Paulo, Martins, 1962, pp. 163-167. Como sempre, o pensamento de Mário não é esquemático; ele procura nuançar o seu critério de valorização da música popular rural sobre a música urbana, nos seguintes termos: "Nas regiões mais ricas do Brasil, qualquer cidadinha do fundo sertão possui água encanada, esgotos, luz elétrica e rádio.

Tempos mais tarde, já em plena euforia musicológica estado-novista, o crítico Luis Heitor diria, fazendo o elogio da vocação musical nacional, em tom de rádio-ministério-da-educação:

> "A época de desconhecimento do valor social e da utilidade educacional da música, no Brasil, já vai ficando para trás. O impulso musical é insopitável entre a nossa gente. A música é, por excelência, o meio de sublimação da alma popular brasileira, uma necessidade de nossa formação, de nossa psicologia nacional".

Para em seguida fazer o reparo:

> "Não tomo como índice a música vulgar, a canção das ruas, pois essa é, apenas, a manifestação inconsciente, não disciplinada, do pensador musical".

Mas (poderíamos perguntar) e

> *noel* ismael si
> nhôdosprazeres
> pixindongajazz
> batutaslamarti
> nearibar *rosa*?

E teríamos como resposta inequívoca do crítico a seguinte hierarquização:

> "Refiro-me, aqui, justamente, à aptidão do brasileiro, como criador e como apreciador da música dita 'artística'. E acho perigosa a confusão que às vezes se faz, no Brasil, englobando sob o rótulo de *música popular* não o fundo musical anônimo, de que a música artística se utiliza, para tonificar-se, mas a música sem classificação,

---

Mas por outro lado, nas maiores cidades do país, no Rio de Janeiro, no Recife, em Belém, apesar de todo o progresso, internacionalismo e cultura, encontram-se núcleos legítimos de música popular em que a influência deletéria do urbanismo não penetra. (...) Por tudo isso, não se deverá desprezar a documentação urbana. Manifestações há, e muito características, de música popular brasileira, que são especificamente urbanas, como o *Choro* e a *Modinha*. Será preciso apenas ao estudioso discernir no folclore urbano, o que é virtualmente autóctone, o que é tradicionalmente nacional, o que é essencialmente popular, enfim, do que é popularesco, feito à feição do popular, ou influenciado pelas modas internacionais".

baixa e comercial, que prolifera em todos os países do mundo, sem que por isso tenha direito a ocupar um lugar na história da arte".[2]

A oposição é clara entre a Arte que tem história, elevada e disciplinada, tonificada pelo bom uso do folclore rural (isto é, a música nacionalista), e as manifestações indisciplinadas, inclassificáveis, insubmissas à ordem e à história, que se revelam ser as canções urbanas.

Sintomática e sistematicamente o discurso nacionalista do Modernismo musical bateu nessa tecla: re/negar a cultura popular *emergente*, a dos negros da cidade, por exemplo, e todo um gestuário que projetava as contradições sociais no espaço urbano, *em nome da estilização* das fontes da cultura popular rural, idealizada como a detentora pura da fisionomia oculta da nação.

Certamente, tal escolha correspondia à descoberta, à paixão e à defesa de uma espécie de inconsciente musical rural, regional, comunitário contido nos reisados, nos cantos de trabalho, na música religiosa, nas cantorias repentes e cocos que se entremostravam nas práticas musicais das mais diversas regiões do país (revelando-se e no mesmo momento tendentes à desaparição). A atlântida folclórica desse "fundo musical anônimo" fundia a música ibérica, sagrada e profana, católica e carnavalesca (ligada a antigos festejos pagãos) com a música negra e indígena, promovendo a magia (animismo ritual "dionisíaco" e feitiçaria), o trabalho (ativando as potências corporais), a festa, o jogo e a improvisação.

O problema é que o nacionalismo musical modernista toma a autenticidade dessas manifestações como base de sua representação *em detrimento das movimentações da vida popular urbana porque não pode suportar a incorporação desta última*, que desorganizaria a visão centralizada homogênea e paternalista da cultura nacional.

O popular pode ser admitido na esfera da arte quando, olhado à distância pela lente da estetização, passa a caber dentro do estojo museológico das suítes nacionalistas, mas não quando, rebelde à classificação imediata pelo seu próprio movimento ascendente e pela sua vizinhança invasiva, ameaça entrar por todas as brechas da vida cultural, pondo em xeque a própria concepção de arte do intelectual erudito.

---

[2] Luiz Heitor, "O Brasil e a música", in *Música e músicos do Brasil*, Rio de Janeiro, Casa do Estudante do Brasil, 1950.

A propósito, Gilberto Mendes observa que a música folclórica, tomada como repertório passivo da "música artística", fornecedora de temas e motivações, "não *atua*" diretamente "sobre a linguagem musical moderna", enquanto a música popular urbana, ao contrário, investe ativamente sobre essa linguagem, "trazendo contribuições das mais significativas para o seu desenvolvimento".[3]

Por outro lado, se a trincheira folclorista tentava de certo modo defender as condições de produção da Grande Arte contra o avanço da música popular comercial, ela abria também para si mesma um outro flanco crítico, que Mário de Andrade conhecia muito bem: como transpor o universo de uma cultura comunitária e sem autoria para o universo da cultura erudita moderna, individualista-esteticista, sem estocar radicalmente a própria definição da "arte"?[4]

No entanto, a plataforma ideológica do nacionalismo musical consistia justamente na tentativa de estabelecer um cordão sanitário-defensivo que separasse a *boa música* (resultante da aliança da tradição erudita nacionalista com o folclore) da *música má* (a popular urbana comercial e a erudita europeizante, quando esta quisesse passar por música brasileira, ou quando de vanguarda radical).

Está formada a cadeia conflitual bem típica da discussão brasileira: a conjunção entre o *nacional* e o *popular* na arte visa à criação de um espaço estratégico onde o projeto de autonomia nacional contém uma posição defensiva contra o avanço da modernidade capitalista, representada pelos sinais de ruptura lançados pela *vanguarda estética* e pelo *mercado cultural* (onde, no entanto, foi se aninhar e proliferar em múltiplas apropriações um filão da cultura popular). Essa constelação de ideias, onde nacional-popular tende a brigar com vanguarda-mercado, já era incisiva, mas implosiva na música nacional-erudito-popular de 30 e 40, e se tornará decisiva e explosiva na área musical durante as movimentações da década de 60.

Na média da atitude crítica que se produziu no seu contexto, a ideologia nacionalista na música modernista luta por uma elevação

---

[3] Gilberto Mendes, "A música", *in* Affonso Ávila (org.), *O Modernismo*, São Paulo, Perspectiva/Secretaria da Cultura, Ciência e Tecnologia, 1975, p. 130.

[4] Nesse sentido, as reflexões de Mário de Andrade sobre a arte "interessada", isto é, arte diretamente ligada ao conjunto da vida produtiva da comunidade, levariam a pensar num deslocamento decisivo da sua função estática de objeto oferecido à contemplação reservada (da sala-de-concerto, por exemplo). E a ideia de arte "interessada" provém de sua concepção de arte popular.

estético-pedagógica do país, que resultasse da incorporação e sublimação da rusticidade do folclore (o povo *ingênuo*), e aplacasse através da difusão da cultura alta a agitação urbana (o povo *deseducado*) a que os meios de massa (especialmente o rádio) davam trela.

Entra aí uma concepção do funcionamento ambivalente da música para as massas iletradas, como uma dobradiça que as liga às formas anárquicas do "sensualismo vulgar" (prenhe de "desordem" política) e que estabelece ao mesmo tempo um contato com as manifestações civilizadas da grande arte (reduzida a instrumento de instauração da ordem cívica).

Agitadora (*medium* por excelência do carnaval popular) e apaziguadora (portadora de um *ethos* educativo, caldeado das fontes folclóricas para a arte erudita), a música é percebida como lugar estratégico na relação do Estado com as maiorias iletradas do país, *lugar a ser ocupado* pelas concentrações corais, pela prática disciplinadora cívico-artística do orfeão escolar, pelo "samba da legitimidade" (que, desmentindo toda a sua tradição, exalta as virtudes do trabalho, e não as da malandragem).[5] No entanto, como a música popular é um espaço de resistência mais forte do que sua emulação cívico-patriótica, além do que ocupando uma posição relativamente ofensiva no cenário cultural brasileiro urbano-moderno, o resultado não será na verdade uma conversão do "carnaval" ao "dia da Pátria",[6] mas a instauração da movimentada cena da político-chanchada populista, onde há lugar para o senador gagá dançar seu samba (como na cena famosa de *Terra em transe*).

RÁDIO MINISTÉRIO DA EDUCAÇÃO

ÁLVARO F. SALGADO, da Rádio Ministério da Educação, discorrendo sobre o uso eficaz do rádio para fins político-culturais (ESTADO NOVO, 1941):[7]

---

[5] Nos anos do Estado Novo, há um surto de sambas que fazem a apologia de uma moral do trabalho, dentro do clima de ufanismo-nacionalismo-trabalhismo que marcava a propaganda getulista, e combatem a rica tradição da malandragem na música popular do Rio de Janeiro. Esse assunto foi estudado por Antonio Pedro em *Samba da legitimidade*, tese de mestrado (mimeo.), São Paulo, USP, 1980.

[6] O "Carnaval" e o "Dia da Pátria" são termos polares de uma ritualização do "dilema brasileiro", tal como é formulada por Roberto da Matta, em *Carnavais, malandros e heróis*, Rio, Zahar Editores, 1980.

[7] Álvaro F. Salgado, "Rádio Difusão, fator social", *in Cultura Política* nº 6, agosto de 1941, pp. 79-93.

"A nosso turno adiantamos que, (...) todos os indivíduos analfabetos, broncos, rudes de nossas cidades são muitas vezes pela música atraídos à civilização. (...) dia virá, estamos certos, que o sensualismo que busca motivos de disfarce nas fantasias de carnaval, seja a caricatura, o fantoche, o palhaço, o alvo ridículo desta festa pagã. Enquanto não dominarmos esse ímpeto bárbaro é prejudicial combatermos no *broadcasting* o samba, o maxixe e os demais ritmos selvagens da música popular".
... "o samba, que traz na sua etimologia a marca do sensualismo, é feio, indecente, desarmônico e arrítmico. Mas paciência: não repudiemos esse nosso irmão pelos defeitos que contém. Sejamos benévolos; lancemos mão da inteligência e da civilização. Tentemos devagarinho torná-lo mais educado e social. Pouco nos importa de quem ele seja filho".

VILLA MÁRIO

Fora da média, as questões do nacionalismo musical em Villa-Lobos e Mário de Andrade enquanto criadores são sempre mais complicadas.

Villa-Lobos porque se formou musicalmente no meio dos chorões seresteiros e sambistas do Rio de Janeiro no início do século, e a sua música, trabalhada pela sua formação erudita em processo de atualização modernista, nasce tangenciando a mesma fonte sociocultural de onde saiu a música popular urbana de mercado. Durante toda a década de 20 o seu grande projeto de composição é a série de *Choros* onde ele trabalha aquela matriz popular urbana, amalgamada com blocos de outras informações, primitivas negras e indígenas, rurais, suburbanas e cosmopolitas – da vanguarda europeia –, fazendo dela o centro de uma confluência diferida de tempos culturais que focalizava da sua perspectiva o *problema* brasileiro (a sinfonização e a ordenação do tumulto musical nacional). Ou seja, embora sempre propagasse a superioridade do *folclore* sobre a música popular, Villa-Lobos deslanchou a sua fulminante trajetória a partir da convivência íntima do dado erudito da sua formação com o dado popular urbano, com o que projetou, pela *bricolage* de diferentes técnicas e fontes, e noves-fora o seu talento genial, um alcance violentamente mais amplo que o do nacionalismo ortodoxo.

Quanto a Mário, homem dividido entre um modo socrático-platônico e um modo dionisíaco-nietzscheano, embora apresente nos seus textos programáticos traços daquela resistência aos aspectos polimorfos da cultura popular (resistência subjacente ao paternalismo folclorista de que eu estava falando), lança no *Macunaíma* o imaginário submerso do mundo indígena-rural como dado emergente no panorama da cidade, detonando um confronto vivo, polifônico, agônico-lancinante, que flagra as defasagens e sintonias inesperadas entre os vários tempos culturais de um país que vive (como encruzilhadas de destinos) num aglomerado de relações capitalistas e pré-capitalistas. Se é verdade que o programa do nacionalismo musical tem um caráter centralizador e paternalista, alimentado pela ilusão de imprimir homogeneidade à cultura nacional e de cauterizar a ferida das tensões sociais, o que se tem a considerar, por outro lado, é que Mário de Andrade mergulha de fato nos processos mitopoético-musicais da cultura popular, desentranhando dela concepções dionisíaco-apolíneas e formas "mágicas" que serão constitutivas de sua poesia, trabalhadas pelo crivo crítico que desloca, relativiza e reorganiza esses elementos segundo uma informação erudita. É a tensão recuperada pelo engajamento da técnica que dará à sua obra uma modalidade indagativa que não fecha com o nível programático-apologético do nacionalismo. Em sua corrente subterrânea, a obsessão pela cultura popular é mais o sinal do dilaceramento e da percepção da sociedade em suas tensões sísmicas não aparentes do que um feliz arranjo de classes e raças que se acomodariam harmonicamente para sanear a falta de "caráter" nacional. Nesse plano, o nacionalismo de Mário pode ser lido como expressionismo, tal como fez Gilda de Mello e Souza: "Nacionalismo e Expressionismo se empenhavam (...) na descoberta de um homem novo, atormentado, dividido, alógico, deformador, cuja arte acolhia, como mais congeniais ao seu espírito, as manifestações do gótico, do barroco, da arte primitiva e popular, em vez das manifestações centradas no ideal de beleza e imitação, próprio da arte clássica".[8]

Na última fase de sua vida, a tensão entre o lado doutrinário e o lado oculto do nacionalismo mário-andradino se torna ainda mais complexa. Sustentáculo de um nacionalismo musical difusamente democrático ao longo de 20 e 30, Mário de Andrade entra na década de 40 sob um profundo dilaceramento, à medida que percebe as contradições e os impasses do seu projeto estético-ideológico, e o engaja na luta de classes. Nos seus escritos dessa época é extremamente agudo o drama do intelectual burguês que deseja uma arte (em especial uma música) que concilie positivamente a sociedade (na utopia e na festa), mas que marque ao mesmo

---

[8] Gilda Rocha de Mello e Souza, "Vanguarda e Nacionalismo na década de 20", *in Almanaque* 6, São Paulo, s.d., p. 78.

tempo uma posição precisa na luta que a divide internamente. Como essa tarefa parece ser praticamente insustentável, Mário é que se divide: de um lado a negatividade crítica de *O Banquete* põe a nu os impasses da arte burguesa; pelo outro, em *Chostacovitch*, exprime uma positividade comunista, uma apologia da arte soviética como realização do ideal do artista útil às massas, e com aplausos para o papel vigilante do Estado estalinista (pai amigo e severo) quando este corrige os desvios do artista.

Politicamente, Villa-Lobos e Mário realizam, cada um a seu modo, tendendo para a direita ou para a esquerda, ligando-se ao Estado Novo ou antecipando Zdanov, o horizonte de destino do projeto nacionalista: pedagogia coral emanada do artista à serviço do Estado-Nação[9] (não têm uma saída para a possível autonomia das culturas do povo a partir de suas bases). A viabilização política encontrada por cada um deve ser lida em confronto dialético com o conjunto das suas obras, das quais não esgota nem de longe o sentido, embora indicando-lhes retrações decisivas.

DA REPÚBLICA MUSICAL I

Ao projetar a hegemonia da música erudita (bebida no *ethos* popular folclórico) sobre a música popular-comercial urbana e as inovações mais radicais da vanguarda europeia (o que se acentuará de certo modo no fim da década de 30, frente à atuação no Brasil do professor e compositor Hans Joachin Koellreuter), o nacionalismo brasileiro estava adotando sem saber a última *solução platônica* para a questão da cultura frente ao avanço crescente da indústria cultural.

---

[9] Talvez por isso mesmo Mário de Andrade, que à altura dos anos 40 radicalizava suas posições de esquerda e escrevia textos de crítica contundente ao Estado Novo (principalmente quando discutia música, a exemplo de *O Banquete*), não critica a ação orfeônica de Villa-Lobos. Ao contrário: "A lição mais profundamente humana que podemos colher da obra de um Villa-Lobos (e não é à toa que o grande artista dedicou grande parte de sua atividade à formação de massas corais...) (...) é (...) uma sadia e harmônica fusão social entre a arte erudita e o povo" ("Distanciamentos e aproximações", *in Música, doce música*, São Paulo, Martins, 1963, p. 364). O objeto de sua crítica, no mesmo texto, é o esteticismo da vanguarda, "as criações exacerbadamente 'hedonísticas' de um Léger na pintura, de um Schoemberg (*sic*) na música, como de um Joyce na literatura". Ser "escravo de uma classe" (a burguesa) ou "servidor da humanidade" é o que diferencia "o gênio humano de um Cervantes do gênio classista de um Proust, o gênio humano de um Villa-Lobos do gênio nazista de um Wagner" (p. 366).

As discussões que pontuam *A República* de Platão incidindo sobre o lugar político-pedagógico da música lançam luz sobre os rumos do nacionalismo musical no Brasil desde o *Ensaio sobre a música brasileira* até a atuação de Villa-Lobos no Estado Novo, regendo as grandes concentrações orfeônicas em nome de uma concepção cívico-autoritária copidescada pelo Departamento de Imprensa e Propaganda do Estado Novo. Aqui não se pode falar em influência, mas talvez de uma longa permanência, na tradição ocidental, de um certo equacionamento do *poder* psico-político-social da música em vista de sua utilização pelo Estado (como fator disciplinador) em contraponto com a sua utilização nas festas/ritos populares (como elemento de propiciação da *mania*, isto é, da possessão, do transporte dionisíaco, do êxtase, da liberação de energias eróticas, da reversão paródica das hierarquias, ou da alegre dessublimação da corporalidade).

O poder atribuído à música tem seu eixo numa ambivalência consistente na concepção de que ela pode carrear as forças sociais para o centro político, conferindo ao Estado, através de suas celebrações, um efeito de imantação sobre o corpo social, ou então, ao contrário, *pode expelir essas forças para fora do controle do Estado, para um regime de centrifugação onde elas se afirmam pela "expatriação radical, longe da vida cotidiana, das ocupações comuns, das servidões impostas"*.[10] Introduzindo "no mais íntimo da alma" o próprio *nó* da questão política, isto é, a justa afinação do individual para com o social (e Platão recorre à imagem da *harmonia* sonora como metáfora da justiça e da harmonia da *Polis*) a música aparece como o elemento agregador/desagregador por excelência, podendo promover o enlace da totalidade social (quando o nó é pedagogicamente bem dado) ou preparando a sua dissolvência (quando não). Por isso mesmo, "a educação repousa na música", ela é a *imitação* do *caráter* (elevado ou inferior) que redunda, por seus matizes éticos de profunda repercussão subjetiva, não só na contemplação do belo, mas também nas consequências práticas da realização da virtude. A adequada dieta músico-ginástica, base da formação do *cidadão*, imprimiria nele o "caráter sensato e bom", enquanto o uso malbaratado da música generalizaria, na concepção platônica, a "feia expressão" e os "maus costumes".

---

[10] Cf. Jean-Pierre Vernant, "A pessoa na religião", *in Mito e pensamento entre os gregos* (trad. de Haiganuch Sarian), São Paulo, Difusão Europeia do Livro/ USP, 1973, p. 279.

Não pretendo nem de longe captar aqui a sutileza do pensamento platônico, mas sim colher os sinais, disseminados ao longo dessa verdadeira "purga ática" que é *A República* (no dizer de Adorno), de um modelo, historicamente recorrente, de reconhecimento e controle do poder da música através de uma triagem do significante, que discrimina a música aceitável (elevada, liberadora de impulsos ético-sociais, afirmativos da cidadania e da pertinência à *Polis*) e a música inaceitável (vista como rebaixante, liberadora de impulsos orgiástico-passionais, individualistas ou populares, isto é, próprios dos excessos virtuosísticos dos músicos profissionais ou dos excessos festivos de escravos e camponeses).

Ante a incisividade da música como ocupadora ambivalente do corpo e da alma, torna-se necessário fabricar o crivo capaz de separar a "boa norma" musical (constituída paradigmaticamente pelas práticas que infundem ordem ao corpo social e elevam "tudo o que estava caído na cidade") dos maus usos e das inovações, capazes de insinuar "de maneira a mais insensível" a "infração da lei", produzindo "um silencioso deslizamento nos costumes e no modo de viver", e acabando por destruir "toda a vida privada e pública", já que "não se pode modificar as regras musicais sem alterar ao mesmo tempo as maiores leis políticas".[11]

Para efeito de coesão da *Polis*, Platão afirma a superioridade dos instrumentos mono-harmônicos (a lira e a cítara, instrumentos de Apoio) sobre os instrumentos de muitas harmonias e cordas (a harpa, o *bombyx* – flauta elaborada e virtuosística – e o *aulos* popular, instrumento dionisíaco). Gilbert Rouget observa que essas escolhas se dão no quadro de uma condenação das inovações musicais (e já vimos o caráter catastrófico atribuído ao deslizamento da norma) e da resistência ao *transe*.[12] Assim também, condenam-se as harmonias lídia mista, lídia densa, a jônia "e outras", tidas por propiciadoras da indolência e efeminadas. Em contraposição, recomendam-se as harmonias capazes de levar à temperança, ao heroísmo altivo, à soberana aceitação da adversidade. Muito sintomaticamente também numa poética apolínea e antidionisíaca como esta, indica-se a dominância da poesia sobre a música: "o ritmo e a harmonia seguem a letra, e não esta àqueles".

Em Aristóteles, a alteridade do significante que separa a música "superior" e "inferior" é mais nítida em termos de *ethos* modais, além de que o caráter de classe que subjaz à oposição salta ao primeiro plano.

---

[11] Platão, *A República*, 424.
[12] Gilbert Rouget, *La musique et la transe*, Paris, Gallimard, 1980, pp. 267-315.

O modo dórico, tido como educativo, destina-se ao programa pedagógico dos filhos bem-nascidos, enquanto o uso do *aulos* e o modo *frígio*, mais ligados a um *pathos* do que a um *ethos*, satisfazem "à classe de pessoas grosseiras, compostas de artesãos, trabalhadores e indivíduos dessa espécie".[13]

O motivo pelo qual uma diferença mínima entre dois modos musicais pode gerar consequências práticas tão gritantemente opostas tem permanecido um verdadeiro desafio musicológico. Uma interpretação recente tende a ver, no entanto, na diferença entre o dórico e o frígio, mais do que uma modalização dentro de um mesmo sistema, a incisiva alteridade de sistemas entre um modo pentatônico sem meio tom e um modo heptatônico com semitom – essa diferença sendo capaz de precipitar, somada às diferenças timbrísticas de instrumentos, de repertório e de ritualizações que as acompanham, um verdadeiro abismo entre dois universos gestuais--sociais-religiosos: o da religião da *Polis* e o da religião dionisíaca.[14]

Ao aspecto fortemente marcado (na religião da *Polis*) "de integração social de um culto cívico, cuja função é sacralizar a ordem, tanto humana quanto natural, e permitir aos indivíduos se ajustarem, opõe-se um aspecto inverso, complementar ao primeiro, e do qual se pode dizer em linhas gerais que ele se exprime no dionisismo", voz daqueles "que não podem enquadrar-se inteiramente na organização institucional da *Polis*" por estarem excluídos da vida política: as mulheres, os escravos, os grupos campesinos alijados do controle do Estado. O dionisismo aparece, pois, como a voz da margem, das *minoridades* políticas, às quais oferece "um quadro de agrupamento".[15]

Assim dá para entender os critérios musicais defendidos em *A República*. *A dicção composta de uma só harmonia obedecendo a um só e mesmo ritmo constante*, em detrimento da representação que necessita de todas as harmonias e de todos os ritmos "por abarcar em si mesma variações de todas as classes", corresponde à religião da *Polis* onde, "dos deuses até a Cidade, das qualificações religiosas às virtudes cívicas, não existe ruptura nem descontinuidade". A norma musical depurada no uso exclusivo de certos instrumentos e certos modos cristaliza a "mediação social" fora da

---

[13] Ver Gilbert Rouget, *op. cit.*, p. 305.
[14] Cf. Samuel Baud-Bovy, referido por Gilbert Rouget, *op. cit.*, p. 311 (quanto à oposição entre o modo dórico e o modo frígio). A oposição entre a religião da *Polis* e a religião dionisíaca, nos termos tratados aqui, é feita por J. P. Vernant, *op. cit.*
[15] Jean-Pierre Vernant, *op. cit.*, pp. 278-279.

qual "o indivíduo acha-se desligado do mundo divino". (Perde ao mesmo tempo o seu ser social e a sua essência religiosa: não é mais nada.)[16] Resiste, pois, aos excessos individualistas do virtuosismo artístico e à experiência religiosa diametralmente oposta do transe dionisíaco. "Com efeito, o que o dionisismo oferece aos fiéis – mesmo controlado pelo Estado como ele o será em época clássica –, é uma experiência religiosa oposta ao culto oficial: não mais a sacralização de uma ordem à qual é preciso integrar-se, mas a libertação desta mesma ordem, das opressões que faz supor em certos casos. Busca de uma expatriação radical, longe da vida cotidiana, das ocupações comuns, das servidões impostas; esforço para abolir todos os limites, para derrubar todas as barreiras pelas quais se define um mundo organizado: entre o homem e o deus, o natural e o sobrenatural, entre o humano, o animal, o vegetal, barreiras sociais, fronteiras do eu".[17]

Para concluir essa separação entre dois modos religiosos que parecem condensar-se no conjunto de práticas que gravitam em torno da diferença aparentemente irrisória entre o dórico e o frígio: "O culto cívico se ligava a um ideal de *sophrosyne*, feita de controle, de domínio de si mesmo, situando-se cada ser em seu lugar nos limites que lhe são consignados. Ao contrário, o dionisismo aparece como uma cultura do delírio e da loucura: loucura divina, que é tomada como encargo, possessão pelo deus".[18]

DA REPÚBLICA MUSICAL II

Em 1928 Mário de Andrade, que dava cobertura teórico-ideológica aos compositores, propondo o desenvolvimento de um projeto nacional-
-erudito-popular para o Brasil, colocava a intenção nacionalista e o uso sistemático da música folclórica como condição *sine qua non* para o ingresso e a permanência do artista na república musical, dizendo enfaticamente no seu *Ensaio sobre a música brasileira* que o compositor que não fizesse música de cunho nacional (bebida na estilização do popular rústico) funcionaria como "pedregulho na botina" a ser devidamente extirpado.[19]

A busca de hegemonia nacionalista (aliás amplamente obtida na produção musical erudita brasileira até a década de 50, assentada sobre

---

[16] Idem, ibidem, p. 278.
[17] Idem, ibidem, p. 279.
[18] Idem, ibidem, p. 279.
[19] Mário de Andrade, *op. cit.*, p. 18.

o critério da "eficácia" social, extraía a sua legitimidade da afirmada necessidade de "determinar e normalisar (*sic*) os caracteres étnicos permanentes da musicalidade brasileira", presentes (segundo essa concepção) de modo inconsciente na música popular folclórica tanto quanto ausentes da música "artística" de mera transposição europeia.[20]

A nova música brasileira, produzida pela determinação do artista decidido a "se basear quer como documentação quer como inspiração no folclore", daria relevo ao *caráter nacional* nele delineado – daí o destaque ao compromisso da música "artística" com a "popular" (no que esta perderia a sua primariedade incapaz de totalizar e aquela outra a sua irresponsabilidade desenraizada).

O projeto explícito será o de fazer a composição erudita beber nas fontes populares, estilizando seus temas, imitando suas formas, em suma, incorporando a sua técnica. A preocupação nacionalista, voltada para o "folclore", será tomada como norma, com acentuada intransigência. Mas a passagem concreta do erudito ao popular, e vice-versa, permanecerá sendo, sempre, o grande problema.

Mário alerta os compositores para alguns dos problemas implicados no projeto nacionalista: o perigo do exotismo (quando o uso de elementos da música popular, retirados de seu contexto, resulta simplesmente em efeitos pitorescos) e da banalidade (já que a música popular, muitas vezes aplicada às práticas-rituais, à dança hipnótica, dirigida ao corpo, é fundamentalmente repetitiva, do que pode resultar em pura redundância quando transposta para as formas que procedem pelo desenvolvimento progressivo e pela inovação dirigida ao intelecto como são as formas da tradição sinfônica erudita). Aliás, é nesse ponto justamente que Schoenberg (ao lado de um certo desprezo colonizante pelo mundo subdesenvolvido) fazia a sua crítica da música nacionalista, vendo nela a união espúria dos procedimentos estruturalmente reiterativos da música do povo com os procedimentos estruturalmente evolutivos da tradição erudita ocidental.[21]

É nesse ponto também que incide a oposição estabelecida por Mário entre a música "interessada" (aplicada por exemplo ao calendário agrícola e religioso, como a popular rural) e a música "desinteressada" (destinada a fins contemplativos, como a música de concerto). É o caráter "interessado" da primeira que lhe dá uma base repetitiva (que se aplica

---

[20] *Idem, ibidem*, p. 28.
[21] Arnold Schoenberg. "Las sinfonías folkloristas", *in El estilo y la idea*, pp. 248-257.

ao ritual) e é o caráter "desinteressado" da segunda que lhe imprime a desenvoltura evolutiva (dirigida à intelecção da progressão das formas). A nova música proposta por Mário oscila entre ser "interessada" e "desinteressada". Em certo momento, diz: "O artista tem só que dar pros elementos já existentes (da arte nacional pronta na inconsciência do povo) uma transposição erudita que faça da música popular, música artística, isto é: imediatamente desinteressada".[22] Duas páginas adiante, referindo-se ao movimento nacionalista, afirma: "Pois toda arte socialmente primitiva que nem a nossa é arte social, tribal, religiosa, comemorativa. É arte de circunstância. É interessada. Toda arte exclusivamente artística e desinteressada não tem cabimento numa fase primitiva, fase de construção"[23] (e está se referindo ao critério social que justifica a necessidade imperiosa do nacionalismo musical).

Em suma, o seu programa aponta para uma música "artística" que encontre ao mesmo tempo uma nova função prática (a conquista da expressão nacional), e essa dupla exigência terá consequências sobre a forma, que ficará dividida entre o desenvolvimento construtivo e a redundância característica (bem realçada nos típicos *ostinatos* – às vezes caricatos – da música nacionalista). Vale lembrar que os problemas colocados por Mário (quando aconselha os músicos), por mais conscientes que possam ser, ficam sempre externos à forma, o que não acontecerá no *Macunaíma*, quando eles serão radicalmente enfrentados no interior da invenção.

No *Ensaio*, Mário discute a complexidade da música popular folclórica, especialmente no seu ritmo (decodificado muitas vezes pelos compositores eruditos como meras síncopas), oscilante entre o fraseológico e o metrificado (Mário analisa a rítmica popular brasileira como a superposição complexa de duas estruturas diferentes, a rítmica aberta da sequência discursiva, que procederia por adição infinita, e a rítmica fechada da quadratura do compasso, que procederia por subdivisão periódica, compreendendo a tensa condensação desses dois sistemas, um de origem negro-indígena e outro de origem europeia, como uma solução original para as próprias tensões implicadas no processo de colonização). No *Ensaio*, analisa ainda questões de melodia, de harmonia, de polifonia, de instrumentação e de forma construtiva.

A ideia de *caráter nacional* recessivo, adormecido nas fontes populares como o mineral disperso sob o solo da variedade regional, de onde

---

[22] Mário de Andrade, *op. cit.*, p. 16.
[23] Idem, ibidem, p. 18.

deveria ser extraído e fundido pelo esforço conjunto de artistas letrados salta à vista, principalmente se não esquecemos que, exatamente no mesmo momento em que escrevia o *Ensaio*, Mário de Andrade produzia também o *Macunaíma*, a rapsódia do herói "sem nenhum caráter".

Recebendo "injeções maciças" de folclore (a expressão é de Florestan Fernandes), a música nacionalista aproximaria intelectual e povo, separados por um abismo "cultural" (formulável, noutros termos, como alteridade de classe), e funcionaria ao modo de uma panaceia pedagógica para sanar (a nível doutrinário) aquela "falta de caráter" que o *Macunaíma* registra na sua economia simbólica como impasse.

O programa tem uma tintura ao mesmo tempo *ilustrada e romântica* que corresponde bem à oscilação quase paradigmática do intelectual letrado no Brasil frente às culturas do povo. O lado romântico marca a concepção de povo como fonte prodigiosa da qual emana a cultura autêntica e criativa, tesouro-inconsciente-coletivo capaz de transformar a *persona* europeizante da nação, remetendo-a a um ponto de equilíbrio profundo onde se daria a *individuação* (a identidade atingida ao final de uma via tormentosa de divisões entre a máscara social dominante – que mostra a fisionomia do colonizador ocupante – e o rico repositório submerso de símbolos que habita o inconsciente coletivo – divisado na música popular rural).[24] Sabemos que Mário de Andrade fez dessa verdadeira saga da identidade (projetada em círculos progressivamente abrangentes do plano subjetivo ao plano da sociedade-nação) o eixo da sua obra poética.[25] O lado ilustrado marca a concepção de povo como massa analfabeta, supersticiosa, indolente, verdadeira tábula rasa necessitada de condução firme e de elevação através da instrução letrada e da consciência cívica (em contextos mais críticos, de consciência *política*). Frequentemente essas duas atitudes aparecem separadas, mas são contrabalançadas como os dois lados de uma gangorra. Em alguns casos (e é o de Mário de Andrade) o intelectual quer ser o orquestrador de sua própria oscilante superioridade/inferioridade frente à cultura popular, e se projeta imaginariamente num ponto-de-epifania de onde divisa o encontro das águas do povo opaco e do povo luminoso, redimidos

---

[24] Os termos usados (inconsciente coletivo, *persona*, individuação), estranhos ao discurso nacionalista, foram tomados propositalmente do contexto da conceituação junguiana, e usados localmente aqui, pela sua adequação didática ao andamento da exposição.

[25] Conforme os estudos de Anatol Rosenfeld, "Mário e o cabotinismo", *in Texto/contexto*, São Paulo, Perspectiva, 1976, e de João Luiz Machado Lafetá, *Figuração da intimidade*, tese de doutoramento (mimeo.), USP, 1980.

da sua dualidade numa nova unidade transparente e transformadora. Essa transformação, antevista desse lugar que poderíamos chamar de o *ponto platônico* da questão moderna da cultura, só pode se dar, no entanto, graças e através da ação do intelectual-filósofo que pensa devolver às massas o seu "populário sonoro" convertido em "música artística", propiciando através dessa conversão o fortalecimento do debilitado "caráter" nacional ("... os defeitos de nossa gente, rapazes, alguns facilmente extirpáveis pela cultura e por uma reação de caráter que não pode tardar mais, nossos defeitos impedem que as nossas qualidades se manifestem com eficácia. Por isso que o brasileiro é por enquanto um povo de qualidades episódicas e de defeitos permanentes", diz ele).[26]

O tom abatido mas sobranceiro do texto de Mário parece estar pedindo um movimento político geral que ataque o problema nacional nas várias frentes (estamos às vésperas da Revolução de 30), mas a música tem um lugar privilegiado nesse quadro em que se constata uma espécie de doença da cultura (a incapacidade de afirmar a potencialidade produtiva da sociedade) e se prevê a sua terapêutica (pelo recurso às reservas de "caráter nacional" adormecidas na música popular). Através dessa curiosa operação desalienante, em que o povo-nação recobra o "caráter" que lhe falta, o intelectual letrado-pedagogo fica no centro imaginário, de onde procura reger o coro nacional, levando-o à unidade harmônica. Seu papel aparentemente modesto de simples correia conversora (do popular primário ao popular estetizado) é exponencial porque comanda idealmente a passagem da sociedade passiva à sociedade ativa, ou seja, porque comanda a parte mais secreta e decisiva – a parte psicossocial – do processo político. Ele aparece de modo subjacente como o orquestrador da sociedade dividida (é nesse campo devidamente preparado que se vai erguendo a figura singular de Heitor Villa-Lobos).

Se à sociedade falta "caráter", a música, no seu poder de reproduzir o caráter elevado (já que investida de *ethos* – no caso brasileiro triado da música popular folclórica), de generalizar os sentimentos e de agir sobre as massas (traduzido no valor social do ritmo coletivizador e da concentração coral) aparece já como veículo capaz de promover a elevação "de tudo o que estava caído na Cidade" (conforme nos diz Platão). Mas o poder da música, veículo privilegiado de transmissão social, é multiplicado ainda mais no Brasil pela sua ampla penetração, pelo fato de ser o lugar de produção de uma linguagem popular original (a música popular

---

[26] Mário de Andrade, *op. cit.*, p. 72.

é "a criação mais forte e a caracterização mais bela de nossa raça", dizia Mário de Andrade; "é na música, entre todas as atividades artísticas, que o gênio brasileiro conseguiu realizar alguma coisa fortemente original e diferente dos moldes europeus", dizia o crítico Luiz Heitor).

Em suma, o programa nacionalista parece retirar o músico erudito dos confins da sua gratuidade (aonde o lança cada vez mais a modernização de um país periférico e não alfabetizado) para colocá-lo, pelo menos desejadamente, no centro dos acontecimentos, promotor-beneficiário de um projeto de cultura centralizada e homogeneizada pela convergência dos traços comuns da psique nacional, tanto mais fortalecido pela convicção de que a música (e só a música) pode desempenhar no Brasil essa função de orquestrador da sociedade dividida, pela força da sua difusão, e pelo fato de que, no seu campo e registro próprios, a música popular no Brasil (resultante de um trabalho coletivo secular de apropriações, seleções e sínteses criativas) não ficaria a dever à cultura erudita.

Na batida do seu impulso de classe média pedagogizante, o paternalismo nacionalista tem forte atração para orfeonizar o país. Pouco tempo antes de Villa-Lobos desencadear a sua famosa arremetida coral, que se alastrou como um movimento didático-político-musical que implantou na escola do Estado Novo o ensino do canto coletivo, Mário de Andrade também louvava as possibilidades terapêuticas de massa que se pode extrair da prática generalizada do "canto em comum". Vale a pena ler a longa peroração do seu *Ensaio sobre a música brasileira*:

> ... "Mas os nossos compositores deviam de insistir no coral por causa do valor social que ele pode ter. País de povo desleixado onde o conceito de Pátria é quasi uma quimera a não ser pros que se aproveitam dela; país onde um movimento mais franco de progresso já desumanisa os seus homens na vaidade dos separatismos; país de que a nacionalidade, a unanimidade psicológica, uniformes e comoventes independeram até agora dos homens dele que tudo fazem para desvirtuá-las e estragá-las; o compositor que saiba ver um bocado além dos desejos de celebridade tem uma função social neste país. O coro unanimisa os indivíduos (...).
> A música não adoça os caracteres, porém o coro generalisa os sentimentos. A mesma doçura molenga, a mesma garganta, a mesma malinconia, a mesma ferocia, a mesma sexualidade peguenta, o mesmo choro de amor rege a criação da música nacional de norte a sul. Carece que os sergipanos se espantem na doçura de topar com um verso deles numa toada gaúcha. Carece que a espanholada do

baiano se confraternize com a mesma baianada do goiano. E si a rapaziada que feriram o assento no pastoreio perceberem que na Ronda gaúcha, na toada de Mato Grosso, no aboio do Ceará, na moda paulista, no desafio do Piauí, no coco norte-riograndense, uma chula do Rio Branco, e até no maxixe carioca, e até numa dança dramática do rio Madeira, lugar de mato e rio, lugar que não tem gado, persiste a mesma obsessão nacional pelo boi persiste o rito do gado fazendo do boi o bicho nacional por excelência... É possível a gente sonhar que o canto em comum pelo menos conforte uma verdade que nós estamos não enxergando pelo prazer amargoso de nos estragarmos pro mundo...".[27]

Olhado no conjunto, o ciclo modernista do nacionalismo musical compreende assim uma pedida estético-social: sintetizar e estabilizar uma expressão musical de base popular, como forma de conquistar uma linguagem que concilie o país na horizontalidade do território e na verticalidade das classes (levantando a cultura rústica ao âmbito universalizado da cultura – burguesa –, e dando à produção musical burguesa uma base social da qual ela está carente).

O pulular irrequieto da música urbana espirrou fora do programa nacionalista porque ele exprime o contemporâneo em pleno processo inacabado, mais dificilmente redutível às idealizações acadêmicas de cunho retrospectivo ou prospectivo. Dupla novidade, como emergência do popular recalcado no âmbito da cultura pública brasileira, atravessando uma rede de restrições coloniais-escravocratas, e como emergência dos meios modernos de reprodução elétrica, a música popular brasileira urbana lançava em jogo os elementos sintomáticos de um flagrante desmentido descentralizador às concepções estético-pedagógicas do intelectual erudito, prometendo um abalo decisivo no seu campo de atuação.

A intelectualidade nacionalista não pôde entender essa dinâmica complexa que se abre com a emergência de uma cultura popular urbana que procede por apropriações polimorfas junto com o estabelecimento de um mercado musical onde o popular em transformação convive com dados da música internacional e do cotidiano citadino. Como veem no popular distanciado um *ethos* platônico, acham que ele deve retornar de forma organizadamente pedagógica para devolver o *caráter* perdido pela cultura de massas. Acontece que esse retorno nunca pode se dar, essa

---

[27] *Idem, ibidem*, pp. 64-66.

regressão à origem não encontra o intervalo para se impor, arrastada na esteira do processo tecnológico-econômico onde rola o caos heteronímico do mercado.

Em vez de olhar de frente esse processo, o programa musical nacionalista resiste até quanto pode – de forma bastante compreensível, diga-se – ao deslocamento sofrido pela arte na modernidade capitalista, procurando desviar os seus sinais na direção de uma investidura cívico-pedagógica que buscará apoio no Estado forte carente de legitimação. Com isso, recusará, junto com Platão, as inovações musicais que sinalizam o desenvolvimento da linguagem, por um lado (na forma da vanguarda radical atonal), e as músicas "popularescas", carnavalescas e outras que denunciam o caráter multiforme das interpenetrações lírico-satírico-paródico-festivas da música popular urbana (cujo pique, lastreado de fato numa rica tradição popular convergente para assimilações de todo tipo, até hoje não se esgotou ainda no campo padronizante tendencial da indústria cultural).

Quando perdeu esse bonde, o intelectual organizador-da-cultura no Brasil se atrasou de maneira básica, sempre tendendo a reduzir o popular ao mito da origem (e da pureza das raízes, romanticamente) e/ou ao mito dos fins (plenitude da consciência realizada, mito ilustrado), na modalidade normativa ou instrumental, mas nunca no campo do complexo-contraditório-contemporâneo, campo de afirmação das múltiplas leituras e escrituras corporais (quanto mais numa cultura sincrética), campo de afirmação poético-religioso-sexual do trabalho e ócio, tendendo converter todas as diferentes direções da energia para o canal cívico-político, com sua cruzada de conteúdos.

Do gramofone ao cinema falado (Villa-Lobos – 1929) (A sétima arte toca os sete instrumentos da civilização moderna)

"Vim ver o Rio, que tanto adoro, e fiquei triste com os que o estão afeiando de tantos rumores diferentes e desgraciosos. O Rio está gramofonizado, horrivelmente gramofonizado... Toca-se, aqui, hoje em dia, tanta victrola, tanta radiola, tanta meia-sola musical do momento, no meio da rua, COMO NÃO SE VÊ EM NENHUMA PARTE DO MUNDO DENTRO DE CASA, NOS BURGUESES SERÕES DE FAMÍLIA... O mal, aliás, não estará no número e na difusão dessa música mecanizada do século, mas na sua qualidade. E com isto não me refiro aos trechos de orquestra, aos solos em diversos instrumentos, por notabilidades mundiais, às melosas árias do bel-canto ou às alucinações do *jazz* norte-americano. A nós, brasileiros, que possuímos uma arte popular tão rica e variada como de nenhum outro povo – posso agora afirmá-lo mais do que nunca – a nós deve cada vez interessar menos a arte alheia, para que melhor realizemos e imponhamos a nossa em toda a sua beleza e originalidade, em respeito mesmo ao que dela se acaba de dizer e de pensar na Europa, ATRAVÉS das minhas composições e dos meus concertos. Os nossos gravadores de discos, porém, os comerciantes de nossa música popular, estão muito desorientados. Aceitam tudo, gravam tudo, o que é um erro, pois eles é que deveriam concorrer para educar o povo e o conseguiriam MAIS FACILMENTE DO QUE NÓS, OS ARTISTAS, graças aos elementos de que dispõem. Outra coisa que também me entristeceu desta vez no Rio: a precária situação em que vão ficando os nossos músicos de orquestra, esses heroicos e tradicionais lutadores pela vida, com a instituição do cinema falado. Eu, que passei por lá, e que sei das dificuldades que tem o tocador de qualquer instrumento para viver, porque nem sempre é possível ganhar-se ao menos o pão ensinado, eu bem percebo o negro quadro que se desenha em frente aos nossos músicos de orquestra, que já estão ficando inteiramente abandonados por causa dos filmes, que CANTAM, DANÇAM E TOCAM OS SETE INSTRUMENTOS DA CIVILIZAÇÃO MODERNA. O cinema-falado é uma maravilha, está certo. Mas o ARTISTA é INDISPENSÁVEL às coletividades e eu penso que o que se devia fazer em toda parte do mundo era o que determinou MUSSOLINI, na Itália: aproveitar o músico de qualquer maneira. Ora, por exemplo, nas salas de espera dos cinemas. Aqui mesmo, no Rio de há tantos anos passados, a orquestra da sala de espera do Odeon chegou a ser famosa...".[28]

**Uma palestra com o genial compositor
(Villa-Lobos – 1929)**
"Perguntamos, então, a maneira de fazer com que o povo no Brasil tivesse uma opinião definida dos vários gêneros de música e capacidade de seleção.
– A um país novo, como o Brasil, cheio de INICIATIVAS E *CAVAÇÕES*, não sobra tempo para cuidar da formação de elementos

---

[28] *O Globo*, Rio de Janeiro, 20.7.1929. Recortes Mário de Andrade. IEB-USP. Os grifos disparatados são propositalmente meus.

capazes de, com abnegação e patriotismo, concorrerem para DOMAR O FEROZ INSTINTO, sob o ponto de vista musical, DE UMA RAÇA EM PLENO DESENVOLVIMENTO.
Creio, porém, haver um meio de fazer nosso povo ter uma opinião própria (falo sempre sob o ponto de vista musical). É o da PATRONAGEM ABSOLUTA DO GOVERNO NO SENTIDO DE UMA EDUCAÇÃO POPULAR".[29]

Marechal dos músicos: patrono da educação cívico-artística pelo canto coral
(Villa-Lobos – 1936)

1. "Há três elementos modernos e um tradicional que poderiam concorrer para a solução do problema da educação artística de uma nação, mais do que milhões de professores, se não ultrapassassem, como às vezes sucede, dos limites do bom senso e da disciplina natural que devem ter todos os povos de boa cultura. São eles: o cinema, o rádio, o futebol e o carnaval."
2. "O CINEMA sobrepujou o teatro, desde a alta comédia à ópera lírica; o RÁDIO, que aniquilou as melhores oportunidades para os meios de subsistência dos verdadeiros solistas; o FUTEBOL, dando-nos a impressão de ter a inteligência humana se deslocado do cérebro; e finalmente o CARNAVAL, que acoroçoa todas as anomalias sociais, amalgamando-as na mais lamentável anarquia, estabelecendo por conseguinte uma completa confusão na opinião pública, em prejuízo da LEGÍTIMA manifestação da VERDADEIRA ARTE."
3. "NO ENTANTO, O RÁDIO É O POSSUIDOR DO MAIOR SEGREDO DA CULTURA COLETIVA UNIVERSAL."[30]
4. "O Brasil precisa de educação, de uma educação que não seja de pássaros empalhados em museus, mas de voos amplos no céu da arte", diz Villa-Lobos ao repórter, no que é completado por um colaborador do Conservatório de Canto Orfeônico (Miranda Neto): "Villa tem feito coisas incríveis.

---

[29] 21.8.1929. Recortes de Mário de Andrade, IEB-USP, sem indicação de periódico.
[30] Heitor Villa-Lobos, "Educação cívico-artística", artigo publicado no *Correio da Manhã* de 4.4.1936, recolhido em *Presença de Villa-Lobos* (5º vol.), Rio, MEC/Museu Villa-Lobos, 1970, p. 102.

Acredita na música popular, não no POPULAR errado do morro, mas no popular que está palpitando em toda a grande música do mundo."[31]

DA REPÚBLICA MUSICAL III

A cena cultural do nacionalismo modernista é interessante-instrutivo-dramático-patética como primeiro momento de confronto entre o intelectual letrado burguês e as culturas populares no *território urbano-industrial* – quando a música popular se abre num leque que vai do folclore aos meios de massa, cruzando na transversal esse campo contraditório e deixando a música-de-concerto meio nua na sua condição precária de exercício imitativo de procedimentos europeus (*Il neige!*) reduzido a elites.

Com a emergência dos meios de massa a *música da repetição* (música do disco e do rádio proliferante no espaço da cidade) dá um rude golpe na música erudita, pertencente a outro sistema de produção e reprodução, o *sistema da representação* no espaço separado do concerto.[32] O que é suficiente para fazer com que alguns músicos mais ativos se sentissem reduzidos a uma condição francamente decorativa perante a penetração crescente da "canção das ruas" com função lucrativa e "utilitária".

O Estado autoritário aparece então como uma espécie de socorro para o músico erudito perdido em meio ao campo da Arte inteiramente revirado pela nova economia política da cultura capitalista, marcada pelo mercado dos objetos em série. Respaldada por Getúlio Vargas, a contraofensiva orfeônica de Villa-Lobos (ligada a uma antiga tradição tendente a fazer da música o elemento de unificação e de imantação da sociedade em torno do Estado, como se vê desde *A República* de Platão) busca reconquistar ativamente para a "grande Arte" o seu prestigioso papel de portadora do sentido da totalidade, perdido no vórtice galopante da "crise" moderna.

---

[31] Citado por Gastão de Bettencourt na conferência "O grande desbravador do sentido brasílico da música", publicada em *Presença de Villa-Lobos* (4º vol.), Rio, MEC/Museu Villa-Lobos, 1969, p. 94.

[32] A oposição entre a *música da representação* e a *música da repetição é* desenvolvida por Jacques Attali em *Bruits – essai sur l'économie politique de la musique*, Paris, PUF, 1977.

OS CHOROS E O SAMBA-CLÁSSICO DO CABOCLO-DOIDO

Filho de um funcionário da Biblioteca Municipal do Rio (Raul Villa-Lobos, professor e autor de livros de história e cosmografia, além de instrumentista amador), Heitor Villa-Lobos foi educado para ser médico e músico, formado no estudo do violoncelo e na admiração de Bach. Mas fascinado pela música dos chorões cariocas (nos diz a lenda biográfica) tocava clandestinamente violão e saltava a janela do quarto em busca das noitadas musicais. Atravessando esse umbral doméstico à revelia do modelo paterno, Villa-Lobos estava devassando uma das fronteiras impostas pelo mapeamento cultural da Primeira República, onde o violão, o choro e a seresta (sem falar nas batucadas) eram repelidos do estreito conceito de cidadania moral e estética (e reprimidos policialmente, quanto mais populares). No entanto, e justamente enquanto o Villa-Lobos adolescente pulava a janela, as resistências à música popular urbana (símbolo tradicional do desregramento indesejável *dos folguedos da malta*, segundo o zelo de classe da cultura dominante) estavam sendo minadas em vários pontos à medida que as massas emergiam para o capital como mão de obra assalariada flutuante e mal absorvida, na sociedade pós-escravocrata em trânsito para o "modo de produção de mercadorias"[1]: é quando as formas de música popular produzidas pelos grupos negros e boêmios despontarão com brilho e relevo no mercado fonográfico.

Para entendermos o lugar que o artesanato musical dos *chorões* ocupava nessa economia cultural em transformação, com seus hábeis instrumentistas (em geral *doublés* de funcionários públicos e boêmios,

---

[1] Cf. Francisco de Oliveira, "A emergência do modo de produção de mercadorias: uma interpretação teórica da economia da República Velha no Brasil", *in* Boris Fausto (org.), *O Brasil Republicano (Estrutura do poder e economia)*, São Paulo, Difel, 1975, pp. 391-414.

biscateiros musicais das orquestras de cinema e restaurante, às vezes músicos de banda), vamos passar antes por um lugar estratégico do processo de resistência às marginalizações sofridas pelos grupos populares em suas práticas culturais: a famosa casa da Tia Ciata, onde surgiu das improvisações coletivas o samba *Pelo Telefone*, lançado por Donga em 1917, e que consagrou o gênero.

Frequentada, além de Donga, por João da Baiana, Pixinguinha, Sinhô, Caninha, Heitor dos Prazeres, a casa onde morava a respeitada babalaô-miri baiana "casada com o médico negro João Batista da Silva", "centro de continuidade da Bahia negra (...) no Rio", vem descrita no livro de Muniz Sodré, *Samba – o dono do corpo*:[2]

> "A habitação – segundo depoimentos de seus velhos frequentadores – tinha seis cômodos, um corredor e um terreiro (quintal). Na sala de visitas, realizavam-se bailes (polcas, lundus etc.); na parte dos fundos, samba de partido alto ou samba-raiado; no terreiro, batucada.
> Metáfora viva das posições de resistência adotadas pela comunidade negra, a casa continha os elementos ideologicamente necessários ao contato com a sociedade global: 'responsabilidade' pequeno-burguesa dos donos (o marido era profissional liberal valorizado e a esposa, uma mulata bonita e de porte gracioso); os bailes na frente da casa (já que ali se executavam músicas e danças mais conhecidas, mais 'respeitáveis'), os sambas (onde atuava a elite negra da *ginga* e do sapateado) nos fundos; também nos fundos, a batucada – terreno próprio dos negros mais velhos, onde se fazia presente o elemento religioso – bem protegida por seus 'biombos' culturais da sala de visitas (noutras casas, poderia deixar de haver tais 'biombos': era o alvará policial puro e simples)".[3]

A imagem da polarização da casa, resguardada por esses *biombos* sutilmente devassáveis, resulta, como foi bem lida por Muniz Sodré, numa "metáfora viva" do território/limite em que se davam os avanços e recuos de "um novo modo de penetração urbana para os contingentes negros", que lutavam com a "cortina de marginalização erguida (contra eles) em seguida à Abolição", reelaborando os elementos da tradição cultural africana numa gradação entremostrada.

---

[2] Muniz Sodré, *Samba – o dono do corpo*. Rio, Codecri, 1979.
[3] *Idem, ibidem*, p. 20.

A riqueza da metáfora admite a tentativa de tomá-la como base de um mapa da vida musical da capital do Brasil no começo do século, pois a tensão entre o salão e o terreiro, entre o que se mostra e o que se oculta, separados por biombos que vazam sinais nas duas direções, é significativa do próprio processo de interpenetração de culturas que vinha ocorrendo.

Da sala de visitas ao terreiro de candomblé, passando pelo samba *raiado* (onde "só se destacavam os *bambas* da perna veloz e do corpo sutil"), polarizam-se dois universos diferentes (na ritualidade, na corporalidade, na sociabilidade), o da ordem religiosa mágica espiritual do mundo negro e o da ordem da convivência/festejo de salão que a sala de visitas propõe e (meio que) imita.

A contiguidade dessas duas ordens e o modo como elas se negam e se traduzem faz pensar na "dialética da malandragem", que segundo Antonio Cândido é incorporada à estrutura narrativa do romance *Memórias de um sargento de milícias* como modo de representação da estrutura social brasileira no começo do século XIX.[4] A dialética da malandragem é tanto mais saliente se lembrarmos que o marido de Tia Ciata tomou-se mais tarde chefe de gabinete do Chefe de Polícia de Wenceslau Brás: temos aí, como no romance de Manuel Antônio de Almeida, aquela estratégia de convivência dútil e capciosa entre os imperativos da conduta "respeitável" e os procedimentos da religião e da festa popular, vizinha, nas culturas do povo, da paródia da classe dominante e da carnavalização das suas imagens de poder e da sua versão da história.

Na verdade o processo tem mão dupla, e a alteridade das culturas projeta-se numa espécie de jogo de espelhos confrontados, regido certamente ainda pela dinâmica do *favor*, pois enquanto o negro avança para o lugar público onde se faz reconhecível e reconhecido, apropriando-se, mimetizando ou distorcendo a seu modo formas de cultura branca de base europeia, os políticos e intelectuais brancos vão ao candomblé e apadrinham o samba, reconhecendo nele uma fonte de autenticidade "nacional" que os legitima.[5]

---

[4] Antonio Cândido, "Dialética da malandragem", in *Revista do Instituto de Estudos Brasileiros* nº 8, São Paulo, USP, 1980.
[5] Eis aqui um campo de problemas aberto à reflexão no estudo da música brasileira: as interpenetrações que se dão na vida musical do Rio de Janeiro a partir do fim do século XIX, matriz cultural do populismo, poderiam ser pensadas como desdobramento pós-abolição da ordem do *favor* na sociedade escravocrata (analisada e interpretada em suas consequências ideológicas e literárias por Roberto Schwarz em *Ao vencedor as batatas*, São Paulo, Duas Cidades, 1976).

São muitos os casos curiosos, dessa época, exemplos do entreabrir-se paternalista do futuroso filão populista.

Na campanha eleitoral de Júlio Prestes à Presidência, o sambista Sinhô, "o traço mais expressivo ligando os poetas, os artistas, a sociedade fina e culta às camadas profundas da ralé urbana" (nas palavras de Manuel Bandeira),[6] foi com seu conjunto "Embaixada do Amor" ao Palácio dos Campos Elíseos. Lá "organizou-se então uma festa íntima" que, se terminou à meia-noite com o Hino Nacional, teve seus pontos altos no momento em que "O Sr. Dr. Júlio Prestes *gemeu* no 'pinho' lembrando-se daqueles tempos (...) em que era boêmio. (...) E todos cantavam e dançavam. É o que se pode dizer – um sucesso real! Num dos belos salões dos Campos Elíseos, toda a família Júlio Prestes, inclusive o Presidente eleito e o velho Coronel Fernando Prestes, entravam no coro do samba de Sinhô:

> Ora vejam só
> A mulher que eu arranjei
> Ela me faz carinho
> Até demais
> Chorando ela me diz
> Ó meu benzinho
> Deixa a malandragem
> Se és capaz.
>
> A malandragem
> Eu não posso mais deixar
> Juro por Deus
> E Nossa Senhora
> É mais fácil ela me abandonar
> Meu Deus do Céu
> Que maldita hora!"[7]

(Tudo isso sem nenhum prejuízo evidente do fato de que o sambista Salvador Correa, diretor da "Embaixada", era autor do seguinte estribilho: "Estava na roda do samba / Quando a polícia chegou / Vamos acabar com este samba / Que seu delegado mandou".)

---

[6] Manuel Bandeira, *Crônica da Província do Brasil*, Rio, Civilização Brasileira, 1937, pp. 108-110. Citado por Vasco Mariz em *A canção brasileira*, Rio, Civilização Brasileira/MEC, 1977, p. 203.

[7] Francisco Guimarães (*Vagalume*), *Na roda do samba*, Rio, MEC/FUNARTE, 1978, p. 60.

Em outubro de 1914 Nair de Teffé, a mulher do presidente Hermes da Fonseca, tinha causado escândalo nas rodas elegantes do Rio interpretando ao violão o *Corta-jaca* de Chiquinha Gonzaga, num sarau do Palácio do Catete:

"Neste mundo de misérias quem impera
É quem é mais folgazão
É quem sabe cortar jaca nos requebros
De suprema perfeição.

Ai, ai, como é bom dançar, ai
Corta Jaca assim, assim, assim
Mexe com o pé
Ai, ai, tem feitiço, tem
Corta, meu benzinho assim, olé!

Esta dança é buliçosa, tão dengosa
Que todos querem dançar.
Não há ricas, baronesas nem marquesas
Que não saibam requebrar".

Ainda que em clima de Ameno Resedá, acontecimentos como estes na órbita palaciana indicavam o movimento insinuante de penetração, nas danças de salão, de alterações no modo de assumir o corpo, pela rítmica sincopada trazida das danças populares. É preciso compreender que ao deslocar o acento das formas rítmicas da quadratura europeia convertendo suas *anacruses* em acentos *téticos* rebatidos e intervalados, convocando o corpo a preencher com gestos requebrados as frações "vazias" de sua pontuação rítmica, essas danças como que invertiam a órbita do movimento corporal, promovendo um desrecalque sensual capaz de alastrar-se no campo das representações coletivas. É que na verdade pela percepção inconsciente dessa alteridade do significante, só comparável àquela que os gregos atribuíam no seu sistema musical à diferença entre o modo dórico (harmonioso, equilibrado, polido) e o modo frígio (excessivo, orgiástico e pejorativamente popular), que vozes conservadoras reagiam com escândalo à sua adoção, enquanto o carnaval das adaptações seguia firme.

Outros indicadores do trânsito de sinais musicais filtrando-se através dos biombos é a presença de artistas com informação erudita que se tornam mediadores da música popular e que são admitidos por essa época nas salas-de-concerto: em 1908 Catullo da Paixão Cearense apresentou-se no auditório da Escola Nacional de Música, com sucesso; em 1922 a presença de Ernesto Nazareth em recital na mesma Escola provocou tumulto com intervenção policial.

Catullo: poetastro modinheiro, trovador semiparnasiano que infundia cadências plangentes e nostálgicas (sempre nos motivos da dor e do luar) aos movimentos ritmados da música instrumental (principalmente a de Anacleto de Medeiros), jactando-se de ser o Rei dos Cantores e o introdutor do violão e da modinha no concerto clássico (no monumental *Choros* nº 10 para orquestra e coro misto, de que falarei mais adiante, Villa-Lobos utilizou com grande relevo o "Rasga-coração", canção com letra de Catullo sobre adaptação do xote *Iara*, de Anacleto de Medeiros). Nazareth: conhecedor do pianismo chopiniano, compositor sensacional que fora colocado nas nuvens pelo francês Darius Milhaud em sua passagem pelo Brasil, transmissor do maxixe ricamente desenvolvido e ciosamente resguardado sob a rubrica mais apresentável (segundo seus próprios critérios) de "tango brasileiro". Além destes, João Pernambuco, violonista que tocava nos choros junto com Villa-Lobos, que aprendera violão com cantadores e violeiros nordestinos, operário no Rio e depois funcionário público, desenvolveu a sua técnica "parecida na mão direita com a de Segóvia" e deu recital na Cultura Artística de São Paulo, em 1915.

O caso de Sátiro Bilhar, exemplaríssimo funcionário da Estrada de Ferro Central, mostra que os biombos culturais devassáveis passavam a ser um dado interno à própria técnica musical: no seu modo exímio e peculiaríssimo de tocar violão, Sátiro Bilhar estilizava a mesma composição (entre as poucas que tinha) conforme as conveniências do público a quem tocava, em gradações nuançadas do popular ao erudito. O depoimento de Donga: Sátiro "foi o violonista mais original que conheci. (...) Ele tinha duas ou três composições só, e só tocava aquilo. (Villa-Lobos dizia que não era o que Sátiro tocava, mas *como* tocava é que era genial.) Tinha uma que ele denominava de várias maneiras, *Sons* não sei de que, uma denominação clássica. Daquilo ele fazia tudo, clássico, popular, virava tudo, tocava prá cá, tocava prá lá, em cada lugar, conforme a casa e o ambiente tocava aquilo".[8]

---

[8] Citado por Herminio Bello de Carvalho em "Villa-Lobos e o violão", palestra publicada em *Presença de Villa-Lobos*, 3º vol., Rio, MEC/Museu Villa-Lobos, 1969, pp. 140-141.

MÚSICA   159

Vista assim, a simbologia da casa de Tia Ciata, sugerida por Muniz Sodré, ao mesmo tempo que dá forma a um movimento de afirmação de contingentes negros no espaço social do Rio de Janeiro, capta e configura em suas próprias "disposições e táticas de funcionamento" o modo de articulação mais geral das mensagens culturais da sociedade, que eu quero sistematizar e desdobrar assim:

O núcleo:
  sala – fundos – terreiro

que dispõe os planos das danças de salão, do samba e do candomblé, poderia ser desdobrado segundo o leque dos espaços culturais, e teríamos que o salão-de-dança-piano respeitável é contíguo, nessa topologia musical urbana, ao sarau (sala onde a música passa de ser motivação da dança para objeto de contemplação amena) e esse à sala de concerto (onde a contemplação auditiva é mais ritualizada e o repertório investido de uma aura museológica mais destacada).

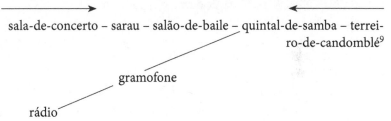

Na linha horizontal perfazem-se passagens do popular ao erudito através de sinapses que marcam as fronteiras culturais do nervosismo social, ao mesmo tempo que deixam vazar alguns sinais que, vindos das duas direções, querem percorrer todo o sistema. "Sambista, anteprojeto de artista", diria Paulo da Portela num dos seus sambas, indicando o desejo de reconhecimento e de cidadania que anima parte da cultura negra a buscar posição no sistema sociocultural, e que levaria o próprio Paulo a ser eleito "Cidadão-Samba" na década de 30.

---

[9] Se quisermos tirar este esquema de dentro da metáfora da *casa*, como conviria a uma descrição concreta da diversidade das práticas musicais do Rio no começo do século, bem como a uma representação menos *doméstica* da sociedade, seria preciso levar também em consideração os cafés-cantantes, os bailes populares, os teatros de revista. José Ramos Tinhorão dá excelente material para isso, em *Os sons que vêm da rua*, Rio, Edições Tinhorão, 1976, e na *Pequena história da música popular* (*da modinha à canção de protesto*), Petrópolis, Vozes, 1978 (em especial no capítulo sobre o maxixe).

(A linha oblíqua marca, por sua vez, a ramificação mercadológica de massa que deu inesperada margem de penetração alternativa à música popular, correndo por fora do sistema de difusão da *arte*.)

Aparentemente, se tomamos como referência a linha horizontal que vai do *candomblé* ao *concerto* através de uma série de gradações, estaria diluída inteiramente a luta de classes no conjunto da vida cultural (já que teríamos uma diferença meramente quantitativa entre o erudito e o popular). Mas a coisa é mais complicada. É verdade que o *populismo* que está se armando aí atenua a luta de classes no jogo de imagens de um paternalismo de novo tipo onde cultura dominante e culturas do povo buscam referendar-se num espelhamento, mas o que ele faz é colocar a luta de classes no ponto invisível, no lugar onde ela *não parece* estar.

Em primeiro lugar, a polaridade social fica marcada nos pontos terminais dessa cadeia, onde a ideologia tem seu ponto de força: de um lado o ritual religioso popular, de outro, o ritual estético burguês (e essa oposição é mais política do que se possa imaginar). Em segundo lugar, já que os signos de classe se confundem em seu movimento de ida e volta, onde parecem encontrar-se nos mesmos pontos, eles se distinguem e conflitam (e nisso reside ao mesmo tempo a alteridade de classe e a alteridade do significante) exatamente pelo sentido estratégico do seu movimento.

Como *expressão da marginalidade dos grupos dominados*, a ocupação de lugar através dos *biombos* corresponde a uma estratégia popular de resistência onde, procedendo por avanços e recuos, escaramuças e escamoteamentos, reage-se à exclusão e firma-se uma identidade polarizada pelo seu ponto mais encoberto: a prática religiosa.

Como *expressão da cidadania cultural no domínio da* Polis *burguesa*, a ocupação de lugar através dos *biombos* corresponde a uma estratégia de dominação imaginária de todo social através de sua representação estética, o que aparece principalmente na estratégia de totalização estética que quer unir a diversidade social para resgatar a unidade harmoniosa da sociedade fragmentada (e nesse sentido expressa também uma resistência frente à perda de valores – a aura da obra de arte, por exemplo – com o avanço da modernidade capitalista).

Curiosamente, a primeira estratégia, a dos dominados, vai encontrar seu canal de escoamento social no *mercado* de música nascente (e passa daí por todo um processo de afirmação e mistura, convertendo o modo comunitário primitivo de produção do samba num modo individualizado – com suas poéticas e seus melodismos de autor – e procedendo por uma verdadeira guerra de apropriações autorais na fase selvagem de corrida ao mercado).[10] A música popular negra, que tem seu lastro no candomblé, encontra portanto um modo transversal de difusão (a indústria do disco e o rádio); e as contradições geradas nessa passagem certamente que não são poucas, mas ela serviu para generalizar e consumar um fato cultural brasileiro da maior importância: a emergência urbana e moderna da música negra carioca em seu primeiro surto, que mudou a fisionomia cultural do país. Enquanto o nacionalismo musical quer implantar uma espécie de república musical platônica assentada sobre o *ethos* folclórico (no que será subsidiado por Getúlio), as manifestações populares recalcadas emergem com força para a vida pública, povoando o espaço do mercado em vias de industrializar-se com os sinais de uma gestualidade *outra*, investida de todos os meneios irônicos do *cidadão precário*, o sujeito do samba, que aspira ao reconhecimento da sua cidadania mas a parodia através de seu próprio deslocamento.

Por sua vez, sem acesso ao mercado e sem a mesma força de expansão, o outro polo forte de afirmação musical, isto é, o projeto de representação "elevada" da totalidade social pela *grande arte*, buscará meios de escoamento social no apoio do Estado (primeiramente invocado de maneira implícita na pedagogia nacionalista de 20, e mais tarde, amplamente desenvolvido no programa do Canto Orfeônico, durante a década de 30 rumo ao Estado Novo).

O *choro* e a *seresta* (contíguos no espaço boêmio mas diferentes na forma e no conteúdo, instrumental de câmara o primeiro, cantada e lírico-plangente a segunda) ocupam a meu ver um lugar paralelo e elástico entre o samba, o salão e o sarau, verdadeiras "capelas ambulantes" (na expressão feliz de Adhemar Nóbrega)[11] tangenciando a batucada e aspirando eventualmente ao *status* erudito. Tanto é assim, fronteiriço e ambivalente o lugar social do *choro*, que dele dão duas versões curiosamente opostas Pixinguinha e Donga. Donga: "Todos os pais daquela época não queriam o cidadão no choro porque era feio, era crime previsto no Código Penal. O fulano (polícia) pegava o outro tocando violão, esse sujeito do violão estava perdido, perdido! Mas perdido, pior que comunista. Muito pior. Isso é verdade o que estou lhe contando, não era brincadeira não. O castigo era seríssimo. O delegado te botava lá umas 24 horas".[12] Pixinguinha: "O choro tinha mais prestígio naquele tempo.

---

[10] "Samba é que nem passarinho: é do primeiro que pegar" (frase famosa de Sinhô).
[11] Adhemar Nóbrega, *Os choros de Villa-Lobos*, Rio, MEC/Museu Villa-Lobos, 1975. Sobre o mesmo assunto, ver também José Maria Neves, *Villa-Lobos, o choro e os Choros*, São Paulo, Ricordi, 1977.
[12] Citado por Hermínio Bello de Carvalho no texto referido à nota 8, p. 139.

O samba, você sabe, era mais cantado nos terreiros pelas pessoas muito humildes. Se havia uma festa, o choro era tocado na sala de visitas e o samba, só no quintal, para os empregados".[13]

Já na sua constituição o choro é um gênero de síntese instrumental baseado na "improvisação inteligente" a que se referia Villa-Lobos. Espaço de convergência da técnica musical da cidade, assentado na classe média (seus músicos: funcionários de repartição, carteiros, oficiais, músicos formados em escola e mais alguns trabalhadores manuais, malandros profissionais e um que outro doutor desgarrado), produzindo um gestuário sonoro original rabiscado de traços eruditos e populares, o *choro* funcionou para Villa-Lobos (o "Violão Clássico" era seu apelido entre os músicos) como uma espécie de *olho mágico* através do qual ele enxergou a música brasileira.

A exposição cabal dos cômodos contíguos da vida musical dependia de momentos mais acentuados de verdadeiro *devassamento* dos biombos culturais, quando as restrições que separam as práticas musicais de grupos e classes são suspensas e as diferenças expostas de maneira simultânea, provocando um efeito de estranhamento na emergência do recalcado. Esse devassamento, na década de 20, operou-se progressivamente através da expansão de dois fatores: o *carnaval* brasileiro moderno e a *sinfonização* das disparidades musicais do país levadas a efeito por Villa-Lobos.

O *carnaval* enquanto movimento ofensivo da estratégia de afirmação dos grupos marginais ocupa e desapropria simbolicamente o espaço urbano, desrecalcando num caleidoscópio extrovertido toda a gama de gestos corporais/sonoros das batucadas, sambas, maxixes, marchinhas, modinhas e danças de salão, dramatizados na interpenetração pública dos ranchos, cordões, afoxés, blocos e, pouco a pouco e mais e mais, das escolas de samba.

A *sinfonização* nacionalista, entendida no sentido amplo como conjunto de peças artísticas que obedeceu à estratégia de controle simbólico da totalidade social,[14] busca representar a nação sintetizando o seu espectro cultural de modo a conferir-lhe uma unidade sublimada, mas, no caso das elaborações villa-lobísticas, ao preço de expor em blocos aglomerados um painel explosivo das práticas musicais diferidas.

O *devassamento carnavalesco*, cuja maior força está em não poder ser transposto, porque se dá no momento da sua experiência múltipla

---

[13] Muniz Sodré, *op. cit.*, p. 62.
[14] Não estou usando portanto o sentido habitual de *sinfonia* como gênero de música orquestral do século XIX. Penso, isto sim, num conjunto de obras de vários gêneros que une materiais sonoros os mais diversos para extrair daí um efeito de totalização.

(musical, gestual, sexual etc. etc.) tende a ser modificado na medida em que a irrupção que provoca busca reconhecimento *oficial*, isto é, busca para a comunidade popular negra marginalizada a *cidadania* que será tipificada na eleição de Paulo da Portela cidadão samba, e desenhará nos seus desfiles um novo fraseado apologético (que se fixou principalmente depois dos "carnavais de guerra" do Estado Novo).[15] O *devassamento sinfonizante nacionalista* por sua vez virá marcado por um forte didatismo paternalista (simétrico à apologética sambística); a tensão entre a franca irrupção carnavalizante e um severo escrúpulo pedagógico (paternalista e/ou autoritário) marca o itinerário de Villa-Lobos. Na batida do populismo, o carnaval emergente em busca de cadadania ganha traços sinfônicos, e a sinfonização nacionalista levada a efeito por Villa-Lobos não se faz sem passar por um devassamento carnavalizante da música brasileira.

A *sinfonia nacionalista* já vinha sendo esboçada de longa data.

No programa para o poema sinfônico *Brasil*, lançado pelo *Jornal do Brasil* em 1921, Coelho Neto buscava um compositor erudito que escrevesse uma história musical apologética do país que culminaria no trançado das formas populares rendidas ao Hino Nacional (com o que Coelho Neto parecia querer converter a economia carnavalesca da festa popular – religiosa, orgiástica e paródica – numa batida de desfile militar do "Dia da Pátria", reduzindo a sua horizontalidade múltipla a uma hierarquização vertical autoritária e monocórdica).[16]

Não encontrando nenhum músico que empeitasse o seu programa sinfônico, Coelho Neto, que também era chegado às sociedades

---

[15] A trajetória do sambista é muito bem apresentada no livro de Marília T. Barbosa da Silva e Lygia Santos, *Paulo da Portela – traço de união entre duas culturas*, Rio, MEC/FUNARTE, 1979.

[16] "Os (...) sons aliaram-se, fundiram-se e aí vibram nas langorosas modinhas, nos batuques, nos cateretês, nos jongos e com tais músicas, expressão sonora de um povo emancipado, passamos, sorrindo e cantando, da Colônia para o Império e no Império, conquistamos as duas formosas liberdades – redimindo o escravo e exaltando a Pátria ao prestígio em que hoje a vemos". "E tais glórias conseguimos com um só hino, que não era o símbolo de um regime, mas a própria voz da nação que, com ela, vai seguindo vitoriosamente para o futuro, como a França, através de todas as vicissitudes políticas, tomou para canto de marcha a Marselhesa" (trecho da proposta sinfônica de Coelho Neto aos compositores nacionais por ocasião do centenário da Independência, lançada no *Jornal do Brasil* e reproduzida por *O Estado de S. Paulo* em 7.2.1922. Analisei detalhadamente o programa de Coelho Neto em *O coro dos contrários – a música em torno da Semana de 22*, São Paulo, Livraria Duas Cidades/Secretaria da Cultura, Ciência e Tecnologia, 1977, pp. 17-39.

carnavalescas, consegue introduzir-lhes uns enredos cívicos. Numa crônica publicada também no *Jornal do Brasil* logo depois do carnaval de 1923, "apela para o patriotismo das pequenas sociedades (os ranchos) no sentido de apresentarem como enredo de seus préstitos temas de caráter estritamente nacional".[17] No ano seguinte o Ameno Resedá, rancho do qual participavam destacados políticos, literatos e bem-sucedidos profissionais liberais, inclusive o próprio Coelho Neto, saía com o enredo *Hino Nacional*. Visto por esse lado, nada nos impede de pensar que não só a proposta do rancho cívico-carnavalesco, mas o próprio programa do poema sinfônico *Brasil* já era, na verdade, um primeiro projeto *avant-la-lettre* de enredo de escola de samba, com suas alegorias históricas distribuídas em partes sucessivas como num grande teatro rolante caminhando em cortejo triunfal para a apoteose cívica, ao som da batida combinada de todas as danças populares. Acontece que o Ameno Resedá fez escasso sucesso naquele ano de 24, e o primeiro secretário do rancho, em carta ao escritor, descrevia as dificuldades de "associar carnaval e patriotismo".

Desgostoso com o insucesso do seu programa nas duas frentes, da *sinfonia nacionalista* e do *carnaval*, Coelho Neto escreve um curioso desabafo profético: "Se o júri não lhe conferiu o primeiro prêmio, não deixou de louvar a ideia e certo estou de que no próximo ano, o Ameno Resedá terá consolador triunfo vendo o seu exemplo imitado, com o que não só lucrarão os ranchos, tendo fartas novidades para explorar, como o povo que aprenderá alegremente, em espetáculos artísticos, a amar o Brasil através da poesia de suas lendas, dos episódios da sua história e dos feitos dos seus heróis. Os precursores semeiam, não colhem. Este ano foi o da sementeira; a colheita virá depois, e optima. O primeiro passo foi dado e, já agora, ninguém poderá disputar ao Ameno Resedá a glória de haver norteado pelo civismo as suas festas carnavalescas".[18]

Do nacionalismo folclorizante já dissemos o suficiente para entendermos que ele quer sinfonizar a totalidade social trazendo para a moldura do concerto a música dos espaços populares recalcados e submersos (as danças dramáticas, os cocos, os pregões, as rodas infantis etc.) mas sem saber o que fazer em suas estilizações, da contiguidade excessivamente contemporânea e "impura" da música urbana. Aqui, os telões abertos para a música rural se arrumam de modo a ocultar a pressão da modernidade.

---

[17] Citado por Jota Efegê, em *Ameno Resedá, o rancho que foi escola*, Rio, Editora Letras e Artes, 1965, p. 48. A indicação desse texto me foi possível graças ao trabalho da pesquisadora Dulce Tupy para a FUNARTE, sobre os *Cantavais de guerra*.

[18] Citado também por Jota Efegê, no mesmo texto, à p. 50.

[Vale acrescentar nesse ponto que podemos entender talvez agora o contexto em que a Arte culta nacionalista buscará apoio no Estado para sustentar seu litígio com a música de mercado: correspondendo a duas formas contrastantes de representação do drama social, ligadas a estratégias de ideologia cultural opostas, elas disputavam a primazia da condição de pedra-de-toque musical da nação, mas em territórios de expansão desiguais. Embora o "erudito" e o "popular" fossem parâmetros relativa e mutuamente dependentes nessa época (um mimando de certa forma o outro), para a sinfonia nacionalista a comercialização fácil da música popular parece abusiva, para esta a redução do popular a uma versão subalterna daquela pode chegar a parecer ilegítima.][19] Insuflada pelo empenho de representação musical da nação através da grande obra, Villa-Lobos jogava nela com toda a força de suas metamorfoses em blocos a vivência do artesanato popular em amplificações panorâmicas. Não por acaso o seu grande projeto da década de 20, quando a sua música toma impulso, foi a série de *Choros*, de cuja expressão mais simples ele partiu até atingir progressivamente formas complexas onde superpôs em condensações e deslocamentos contínuos as batucadas afro-indígenas (emergentes de uma espécie de inconsciente das formas de dança contemporânea), os sambas, os choros e serestas, ponteios, marchas, cirandas etc., trabalhados em clima de franca *bricolage* e invenção timbrística.

A música que Villa-Lobos passou a fazer na década de 20 nasceu do quadro movimentado das aproximações erudito-populares do Rio de Janeiro, e exorbitou desse quadro como se transbordasse "um magma sonoro em permanente transfiguração" cuja forma "é uma consequência do desdobramento do material (...) que ele preliminarmente pesquisava e depois multiplicava num jorro de acontecimentos musicais sempre novos".[20]

Contrapondo ao rigor da música europeia o "seu informalismo caótico, jovem e cheio de vida, num vale-tudo experimental antropofágico", Villa-Lobos usa os efeitos do sinfonismo descritivo, os timbres e os modos debussystas, os blocos sonoros polirrítmicos e politonais (aparentados com a música do primeiro Strawinsky), os temas da música indígena

---

[19] Valerá como indício o episódio narrado por Manuel Bandeira?: "Me apresentaram a Sinhô na câmara ardente do Zeca Patrocínio. (...) Sinhô tinha passado o dia ali, era mais de meia-noite, ia passar a noite ali e não parava de evocar a figura do amigo extinto, contava aventuras comuns, espinafrava tudo quanto era músico e poeta, estava danado naquela época com o Villa e o Catullo, poeta era ele, músico era ele" (na mesma crônica já citada).
[20] Gilberto Mendes, "A Música", *in* Affonso Ávila (org.), *O Modernismo*, São Paulo, Perspectiva, 1975, p. 132.

(colhidos em Jean de Léry ou nos fonogramas de Roquette Pinto), os cantos sertanejos, a música dos coretos de banda, a valsa suburbana, a bateria de escola de samba, e daí por diante. Avaliar e analisar uma produção acidentada desse jeito não é fácil. Gilberto Mendes sugeriu como critério que o *disparatado* (dos seus altos e baixos, e do "mau gosto" que advêm da mistura geral em tais proporções) não é um acidente ou um desvio estético, mas uma dimensão própria da tumultuada procura ("do transcendental, do cósmico, através do sentimento nativo"):

> "Todos esses compositores (das Américas), Ives, Cowell, Antheil, Villa-Lobos, são na verdade de um impressionismo e politonalismo baratos, frente à técnica composicional de seus contemporâneos europeus; mas a gente sente em sua música, principalmente naquilo que parece ruim, mal-feito, algo mais que a torna diferente, uma autenticidade, uma independência em que encontraremos as raízes tipicamente americanas de uma vanguarda que não tem nada a ver com a vanguarda europeia. Só nas Américas poderia surgir uma *pop art*, o *jazz*, o 'tropicalismo', a música de Villa-Lobos e Ives".[21]

Entre os *Choros*, que centralizam a produção de Villa-Lobos na década de 20, o de nº 10 (para orquestra e coro misto), não por acaso o mais célebre, é a confirmação mais significativa dos rumos que a música do compositor estava seguindo naquele momento.

Vale dizer, para introduzir o problema, que o princípio sincrético que manda nos choros populares extravasa numa violenta ampliação nos *Choros* de Villa-Lobos, criando um efeito de distorção panorâmica. Iniciados por uma pecinha para violão nos moldes de Ernesto Nazareth, eles absorvem rápida e crescentemente (por uma progressiva aumentação das massas sonoras de uma peça para outra) um enorme repertório de significantes musicais diversos da música indígena (constantemente recorrente), africana (mais rara e circunstancial), popular rural, urbana e suburbana (aglomerados em constantes recombinações). Há uma intenção (explícita) de captar o prisma da *psiquê* musical brasileira, pelas ambientações orquestrais ecológicas (florestais, sertanejas), pela pontuação de cantos de pássaros, pela citação e desdobramento de cantos rituais indígenas, pela alusão a batucadas, ranchos, valsinhas, cantigas de roda, dobrados, tudo isto visto a partir das serestas e dos choros.[22]

---

[21] Idem, ibidem, p, 131.
[22] Essa explicitação encontra-se no texto do próprio compositor, "Choros – estudo técnico, estético e psicológico de Villa-Lobos", mimeografado e revisto pelo

A técnica investida nessas agregações realiza metamorfoses oníricas do material musical de base, submetido a condensações/deslocamentos no nível contrapontístico (superposições por blocos simultâneos de signos e códigos musicais diferentes e distantes), harmônico (circulação de configurações modais, tonais e politonais), sintático-discursivo (adjunção constante de motivos sem continuidade linear), do que resulta, desde a primeira impressão, uma figura da simultaneidade das forças, da liberação de energia sem o fechamento que corresponderia à representação da forma acabada, e da temporalidade sem finalismo dos fragmentos compostos. É a audição de uma figuração onírica que trabalha com significantes de *Brasil*: o país-inconsciente é o conjunto de forças inapreensível que o texto musical tenta flagrar em sua cinética sonora.

Nesse sentido mesmo, de levantamento parcial do recalque que separa as produções simbólicas das classes, os *Choros* fazem o papel de devassador cultural, atravessando vigorosamente as sinapses que censuram a passagem de significantes carregados de intensidades sensuais, de informações vitais, de história reprimida.

O *Choros* nº 10 pode ser considerado modelar (uma análise minuciosa mostraria como se dá ali a articulação de sinais cifrados da diversidade brasileira compondo um mito nacional, que vou traçar aqui em linhas gerais).

A peça admite uma leitura sintático-semântica que acompanhe a articulação de gestos musicais nacionais, leitura que, aparentemente *demodée* à primeira vista, mostra-se adequada ao objeto.

Ela apresenta (I) uma longa seção orquestral (formada de uma introdução *animada* e de um episódio *lento*) seguida de (II) uma parte final coral-sinfônica de caráter progressivamente apoteótico. O contraste entre essas duas partes (tomadas aqui bem panoramicamente) é nítido.

A parte orquestral (I) é o domínio dos sinais culturais (cosmopolito-primitivo-urbano-suburbano-rurais) trabalhados ao modo de pulsões, agregados por superposição e por "adjunção constante",[23] como energia não-ligada que configura, em contraste com a parte final, um quadro de forças à solta, erráticas entre o plano primitivo e o projeto "civilizador" (formigamento caótico perdido entre o animismo selvagem e a inscrição na história da acumulação). Ela é pontuada por acidentados índices dinâmicos, que despontam ora como irrupções ora como quebras disruptivas,

---

professor Adhemar Nóbrega no Conservatório Nacional de Canto Orfeônico em 1950, e publicado em *Villa-Lobos – sua obra*, pelo MEC/Museu Villa-Lobos, 1972.

[23] Termo empregado por Adhemar Nóbrega em *Os Choros de Villa-Lobos*.

ora como focos atritivos, ora como aclamações rebarbativas. O regime de *intensidades descontínuas*, que era modo padrão da vanguarda *fauve* na década de 20, cobre aqui uma apresentação amostrativa dos tempos defasados, intervalados, compactados e espaçados do brasil ("onde é o Brasil?... um sistema de sons que vai guiando / ... / a eletrônica / e musical figuração das coisas").[24]

A proliferação de motivos dessa primeira parte corresponde a um diapasão semântico: o desdobramento do *potencial* (o espaço-brasil é o campo onde as forças erráticas – vasto repositório de energias litigantes – se entrechocam até encontrarem a *ligação* consubstanciada na coralidade tonal e ritmicamente periódica da última parte). Lido sincronicamente, o mito que dispõe a passagem dos *aglomerados intermitentes* da seção sinfônica à *periodicidade apoteótica* da seção coral-sinfônica cristaliza o *destino de potência* como seu núcleo de desejo.

O *Choros* nº 10 inicia-se com um acorde fortíssimo percutido em anacruse, com a nota superior (*sol* na trompa) longamente sustentada. Esse acorde fundador surge como um bloco de *energia/intensidade*, bordado na flauta por uma transcrição instrumental do canto do pássaro azulão (primeira aparição da *voz* da natureza sobre o fundo do *potencial*). A esses dois elementos sobrepõe-se a evocação, nas cordas, do toque rasgado da viola popular, constituindo no conjunto uma primeira combinação da natureza muda (a *força* da nota sustentada), a natureza cantante (a melodia do pássaro) e a cultura popular (a batida de viola). Sustentada ao longo dos compassos da seção introdutória, a nota inicial proferida pela trompa se abre num motivo melódico ascendente (no segmento marcado na partitura com a letra A) procedendo por atritos de segunda menor nas trompas que conduzem (resolvendo-se) a um acorde perfeito menor. Acompanhado de um correspondente movimento de intensidade crescente e de alargamento do campo de tessitura e dos timbres instrumentais, esse motivo, que desabrocha da nota inicial como uma vitória-régia, assume aqui o caráter de uma alvorada virginal-inaugural, reincidindo em progressiva ampliação nos segmentos B e C, onde incorpora um tema incaico enunciado em acordes paralelos com incidências dissonantes em "ambiente de passarada", transpondo-se para as cordas, onde desemboca finalmente no *motivo nuclear* de toda a peça, um acalanto dos índios parecis, de perfil cromático descendente, cujas metamorfoses (por diatomização ou alteração do perfil

---

[24] Carlos Drummond de Andrade, "A palavra e a terra", *Lição de coisas*.

rítmico) serão estruturantes da obra, e assumirão grande importância na parte final.[25] Da primeira nota até o "achado" do tema se dá, portanto, um processo de *gênese*, a partir do qual o motivo dos índios parecis pontuará generalizadamente o espaço sonoro, ao modo de intervenções disseminadas (em gestação onipresente). (Adhemar Nóbrega chamou-o "motivo conspiratório".) Trata-se no entanto de uma gênese acidentada por múltiplas superposições sincrônicas: metamorfoses politonais da tocata chorística intervindo com suas inflexões sincopadas, refrões populares/ temas de embolada, solo de trombone derrapando sem expansão melódica o motivo nuclear ampliado em gesto de choro-seresta (timbrística e melodicamente distorcido), piano e sopros emitindo quase-*clusters* percutidos à maneira de dança indígena/*Sacre du printemps* primitivo-moderna, e outras tantas incidências, em múltiplas combinações, sempre acirradas pela reiteração polimorfa do motivo nuclear.

No final da parte puramente sinfônica o clima associativo e disruptivo da somatória cultural, que prevalece desde o começo, dá lugar ao desenvolvimento, pelas cordas e trompas, de um elemento melodicamente ascendente e reiterativo, crescente em intensidade, animando-se no andamento (além de conter uma aceleração rítmica interna ao próprio motivo), que eu chamaria, pelo contraste que instaura, de tema da *vontade* (pelo modo como ele parece indicar a tendência a organizar as energias livres num novo regime de articulação).

E de fato o *tema da vontade* (de uma altissonância mais para Amaral Neto Repórter, nessa passagem, do que para Glauber Rocha) leva o *desdobramento do potencial* (inserido no início da peça) a um limiar onde ele se interrompe em *fortíssimo* (FFFF). A pausa pontua o que será a efetiva entrada de um outro regime na economia rítmico-melódico-harmônica da peça, em andamento *très peu animé et bien rythmé*.

Pois a parte final, coral-sinfônica, (II) é, antes de mais nada, o campo da *periodicidade*: ela começa com um motivo insistentemente repetido, célula rítmico-melódica de corte incisivo dançante reiterativo (engendrada, diga-se de passagem, pelo trabalho de metamorfose do motivo "conspiratório" dos índios parecis) que lançada pelo contrafagote atravessa a orquestra e projeta-se no coro (vozes masculinas) em movimentos cadentes coleantes articulados pelas vozes em silabações onomatopaicas imitativas do tupi

---

[25] A referência ao tema incaico e ao acalanto dos índios parecis, feita pelo próprio Villa-Lobos, encontra-se no texto citado à nota 22.

(*jakatakamarajá, jakatakamarajá, jakata jakataka jakatakamarajá* etc.). A regularidade rítmica do motivo indígena permanecerá todo o tempo, acrescida da superposição de cadências de marcha-rancho percutidas no piano, coroada pelas vozes ecoando motivos melódicos advindos dos temas indígenas, acentuada por interferências dissonantes diversas. No ápice desse processo de progressivo congestionamento do campo sonoro, onde a batida indígena é sublinhada pela percussão acrescida de instrumentos brasileiros – reco-reco, puíta e caxambu – adensada por *clusters*, glissandos e comentários sonoros meteóricos, quando o crescendo das massas corais/orquestrais atinge o seu clímax, é que surge, "já em terceiro plano, confundindo-se com a intrincada teia de um contraponto cerrado em pleno *stretto*, uma melodia lírica e sentimental à maneira da modinha suburbana, extraída de uma canção popular, com letra do poeta seresteiro Catullo da Paixão Cearense, denominada *Rasga o coração*", entoada pelo naipe mais agudo das vozes femininas.[26] É preciso realmente ouvir o despontar dessa espécie de *miragem sonora* sob a compacta massa coral/orquestral para perceber nessa aparição algo como a visão mirífica de uma "alma brasileira" (aliás é esse o subtítulo do *Choros* nº 5) pairando sobre o tumulto das forças fundidas e atritantes (às quais imprime agora o movimento encadeado dos intercâmbios tonais).

Desdobrado por todo o coro, o *Rasga o coração* toma conta da parte final desse *Choros* nº 10, e, depois de evocar a sequência de acordes do início da peça (o *desdobramento do potencial*), fecha-se pela eclosão de um acorde coral-sinfônico-tonal (embora carregado de dissonâncias).

O *Rasga o coração* era na verdade uma adaptação, para não dizer apropriação, do antigo xote instrumental *Iara*, de Anacleto de Medeiros, transformado em canção por Catullo.[27] A música, até chegar ao *Choros*,

---

[26] A citação é do texto referido à nota 22.
[27] Eis a letra do *Rasga o coração:* "Se tu queres ver / a imensidão / do céu e mar, / refletindo a prismatização / da luz solar, / rasga o coração, / vem te debruçar / sobre a vastidão / do meu penar! // Rasga-o, que hás de ver / lá dentro a dor / a soluçar! / sob o peso de uma cruz / de lágrimas, / chorar!... / Anjos a cantar / preces divinais, / Deus a ritmar seus pobres ais. // "Sorve todo o olor / que anda a recender / pelas espinhosas florações / do meu sofrer!!... / Vê se podes ler / nas suas pulsações / as brancas ilusões / e o que ele diz no seu gemer... / e que não pode a ti / dizer / nas palpitações. / Ouve-o brandamente, / docemente / palpitar, / casto e purpural, / num treno vesperal, / mais puro que uma cândida / vestal!", e assim por diante (o texto é bastante longo, Villa-Lobos utilizou-o apenas em parte). Está nas *Modinhas* de Catullo da Paixão Cearense, São Paulo, Fermata,

passou assim por uma série de transformações. O *scotish* carioca do antigo chorão Anacleto de Medeiros, companheiro de Villa-Lobos, embebido depois nas "rutilâncias da dor" plangentes de Catullo (tomando um banho de verbosidade nostálgica), rasga um espaço mítico no contexto sonoro transfigurado da obra de Villa-Lobos. A música de dança urbana sofre portanto uma primeira *sublimação*, quando ralentada e versificada pelo "doutor da Dor" cearense, e um novo efeito de totalização quando emerge como superestrutura lírica da acirrada massa sonora posta em ação por esse outro artista que não foi doutor, Heitor Villa-Lobos.[28]

Não me parece difícil ler nessa obra, que causou forte impressão no Brasil e na Europa quando do seu lançamento, em 1926-27,[29] através da

---

1972. Mais tarde o compositor foi processado por um tal Guimarães Martins, dono dos direitos autorais de Catullo, que o acusou de plágio, e desde então a parte coral do *Choros* nº 10 é cantada sem letra, apenas em vocalise (no que só saiu ganhando). Foi em torno dessa pendenga autoral, e em defesa de Guimarães Martins, que Carlos Maul escreveu o livro idiota *A glória escandalosa de Villa--Lobos*, Rio, Livraria Império, 2ª ed., 1960.

[28] "Fiz um dia esta pergunta / ao meu anjo inspirador: / 'Qual seria o anel do Poeta, / Se o Poeta fosse um Doutor?' // E o meu anjo, o meu arcanjo, respondeu-me, com calor: / 'Nem verde, nem cor de sangue, / nem azul, nem amarelo, / nem roxo, nem de outra cor! / Seria muito mais belo: / Uma saudade, brilhando / na cravação de uma Dor" (Catullo da Paixão Cearense, "O anel do poeta").

[29] "Quanto ao *Rasga o Coração*, é uma forte composição com importante prelúdio orquestral, onde abundam os efeitos onomatopaicos de timbres em que é tão fértil a fantasia de Villa; vem depois a citação entre aspas da modinha de Catullo *Se tu queres ver a imensidão do céu e mar*. Villa envolveu-a de uma formidável roupagem harmônica onde sobre um fundo imperioso de marcha batida corusca fabulosamente a pris-ma-ti-za-ção da luz solar. Villa foi aclamado pela plateia unânime, como de fato merecia, estendendo-se os aplausos aos seus numerosos colaboradores, entre os quais se contava a fina flor dos nossos professores, cantores e amadores, que o presentearam em cena aberta com uma baita batuta de ouro" (Manuel Bandeira, "Villa regendo", in *Andorinha, andorinha*, Rio, José Olympio, 1966, p. 93. *Le Choros 10 l'emporte certainement sur les précédentes compositions. Il débute par un tumulte d'orchestre d'une pâte assez strawinskiste, influence, du reste, sensible chez M. Villa-Lobos. Des lambeaux de thèmes apparaissent ensuite sur un orchestre redevenu calme. Le choeur intervient bientôt, apportant à l'ensemble une animation barbare et sauvage. D'une voix à l'autre court une mélopée puissante. La batterie sanctionne la persistance de ces tourbillonnements qui évoquent les ébats de quelque horde primitive. Malgré des influences, ce Choros révèle une originalité rigoureuse et montre chez son auteur une capacité d'imagination, une maîtrise técnique, une liberté d'élan remarquables*" (Paul Le Flem, "Audition d'oeuvres de M. Villa-Lobos", *Comoedia*, Paris, 7.12.1927. (...) *la génèse truculente d'une neuve Amérique pleine d'élans et source jaillissante des trésors mélodiques et rythmiques*

conversão da energia livre à energia ligada, que ela opera, a construção do mito do *feroz instinto* ("de uma raça em pleno desenvolvimento") *domado*, para usar expressão do próprio Villa-Lobos, na medida em que ela encadeia uma série de "livres-associações" significativas da multiplicidade cultural pela via dos motivos do *potencial emergente*, do *tema da vontade* e do *triunfo coral*, elementos *civilizadores* ascendentes a partir de um campo de forças rico e "caótico". Que dizer, por sua vez, do canto de sereia da "alma brasileira" pairando em meio às forças tumultuadas do primitivo e do moderno? A receita mítica deste *Choros* para o Brasil é: mistura e sacode, que se desprende uma aura, miragem encantatória que harmoniza a sociedade pairando acima dela (como a *classe média*, em certas manifestações ideológicas da própria, como a *nação*, efeito de totalidade desprendendo-se das particularidades sociais, como o *Estado*, orquestrador da sociedade dividida). Uma resposta taxativa seria francamente abusiva, em vista do caráter aberto do "discurso" musical, sujeito a múltiplas versões, a múltiplos usos e a múltiplas reconstruções semânticas, nunca definitivas. Mas constelar dados como esses, que cercam a produção villa-lobística logo antes de sua entrada orfeônica no Estado Novo, e enriquecer a margem de leituras de sua obra, é sem dúvida o melhor que temos a fazer.

Pode-se dizer que a obra de Villa-Lobos é esplêndida realização de *populismo*, mais para enriquecer a ideia (do populismo) do que para sujeitar a música a um rótulo. Ela faz parte desse processo ambivalente de emergência de imagens visíveis de povo "soberano", necessárias à identidade civil das nações modernas (o que só foi possível muito recentemente no Brasil, depois da Abolição), em conjunto com os conflitivos esforços para integrá-lo (o povo) na nova ordem capitalista. Os obstáculos que o povo real parece opor à sua integração na totalização nacionalista são de dois tipos. Por um lado, ele aparece aos olhos desse intelectual como atrasado e indolente (entre as indefectíveis coloniais "falhas" de "caráter"). Por outro, a ideia do atraso de sua cultura (e de suas práticas "supersticiosas", quando religiosas; "bárbaras e sensuais", quando festivas) vêm se somar às tumultuárias vicissitudes modernas, como as reivindicações de massa e a proliferação de cultura urbana (passando diretamente do plano das culturas rurais iletradas para os meios audiovisuais elétricos sem o estágio, tão típico dos países desenvolvidos, da educação letrada e tudo o que ela comporta em matéria de modelos culturais e de consciência *cívica*).

---

que les nègres et les indiens se transmettent depuis des millénaires (Pierre Lucas, *Lyrica*, dez. 1927).

Fora portanto da imagem de povo a ser produzida pela arte nacionalista, apoiada no folclore (o povo "bom"), emerge um outro povo problemático, de difícil controle por esse projeto, seja pelo que parece ser a sua inconsciência (frente às exigências mínimas da razão ilustrada) mergulhada no animismo a-cívico, seja pelo que deriva de ser as eclosões de sua consciência política, expressa em movimentos populares.

Surpreendemos aí a matriz da oscilação constante, e típica, entre a postura neorromântica (que toma o povo como *sujeito* da nação, imaginário ou simbólico) e a postura neo (e sub)-ilustrada (que toma o povo como *objeto* de um banho pedagógico), oscilação esta que é o lugar por excelência de ação, (des)engano e dilaceramento do intelectual burguês brasileiro no período.

Enquanto o popular é suscitado, coloca-se o problema de dominá--lo em benefício da *totalidade* (no caso, da ordem vigente) controlando o monstro de duas cabeças, que morde pelo lado moderno e pelo lado "atrasado". A demanda do popular coloca imediatamente, do ponto de vista dominante, o problema da *autoridade* e da *hierarquia*, chamada a dominar as convulsões inscritas nas próprias energias sociais que é necessário convocar para a produção (vale dizer, para a consecução do potencial acumulativo ocioso a ser *despertado*).

É tão simplista pensar que essas considerações *enquadram* a música de Villa-Lobos quanto é bobagem achar que a obra do compositor *não tem nada a ver com elas*. A música de Villa-Lobos busca oficiar o rito de passagem da *nação-caos* (território *potencial* da natureza bruta e do povo *inculto*, tidos como forças indômitas do "feroz instinto de uma raça em pleno desenvolvimento") à *nação-cosmos* (*território simbólico* da natureza e povo *potenciados*).

A música, que será tomada como a mediadora pedagógica dessa passagem, quando do programa do canto orfeônico, já tem a charada resolvida de antemão na obra sinfônica: dar ordem ao caos através de um movimento de espelhamento entre povo e nação, graças ao qual a sociedade surge como conflituosa (dilacerada pelos interesses conflitantes que a dividem) e harmoniosa (resgatada pelo sentimento pátrio).[30] Da trama desse movimento de postulação da gênese da nação (fazendo-a falar através do povo e fazendo-o calar em seus "excessos") é que salta em refração acima dos conflitos a *alma brasileira*, o *Rasga o coração*, espécie de *estado* lírico e feminino, emulação utópica do Estado político masculino.

---

[30] Utilizo aqui a formulação de Marilena Chauí sobre a articulação das ideias de *povo* e *nação*, desenvolvida no seminário de pesquisa promovido pela FUNARTE, *O nacional e o popular na cultura brasileira*, Rio, 1980.

Em Villa-Lobos a busca de representação ou de efetuação dessa passagem do caos ruidoso do Brasil a um cosmos coral se dá em dois canais, ou dois registros: o registro propriamente estético da obra musical é mitopoético, e o registro político do programa orfeônico será pedagógico-autoritário.

No registro mitopoético, bem representado pelo *Choros* nº 10 (espécie de condensação de um projeto musical distribuído esparsamente pelas múltiplas obras), o momento caótico tem grande relevo, em ressonância congenial com a experimentação vanguardista: aí o devassamento sinfônico-carnavalesco dos tempos culturais defasados e simultâneos parece ser fundamental para o melhor êxito da apoteose final, tanto mais representativa na concordância tonal que chega a criar quanto mais explosivas e tumultuadas as forças que chegou a subordinar e a organizar. A rica desordem do "país novo" (reservatório potencial de energias caóticas) desponta de modo marcante nas obras da década de 20, nos *Choros*, no *Noneto* e no *Rudepoema*, onde Villa-Lobos captou com a antena modernista de suas polirritmias, suas politonalidades, suas estridências timbrísticas e harmônicas, os *ruídos* culturais do Brasil, ruídos do social recalcado até então pela cultura oficial, que ele devassa e superpõe em aglomerações fragmentárias, exacerbando a tumultuada diferença desses materiais. A pacificação prefigurada no *Choros* estabiliza-se na obra musical a partir da década de 30, através do neoclassicismo das *Bachianas brasileiras*, como que a augurar o desejado equilíbrio da nação "madura", que soube disciplinar a sua rica "seiva".

O registro pedagógico-autoritário, por outro lado, representado pelo programa do canto orfeônico no Estado Novo, quer imprimir disciplina e civismo ao povo deseducado (ou educando), partindo do tom patriótico e hínico. Pelos alto-falantes do Estado Novo Villa-Lobos buscou a conversão do *caos* ruidoso do Brasil num *cosmos* coral, mito utópico que se traduziu, quando precisou transformar-se em plano pedagógico-político, na questão da autoridade e da disciplina: a música contribuiria para reverter a rica e perigosa desordem do "país novo" em ordem produtiva, calando a múltipla expressão das diferenças culturais numa cruzada monocórdica, como veremos a seguir.

A conciliação dos polos da desordem e da ordem, na corda tensa que Villa-Lobos vibrou com extrema intensidade, não se faz sem disparates sublimes. Se uma tradição bem-posta costuma satirizar como "samba do crioulo doido" alguns dos resultados heteróclitos a que chegam as culturas da margem quando, procedendo por suas apropriações carnavalizantes, buscam mimetizar a cultura oficial para ganhar cidadania, o que dizer das tiradas, exortações, hinos e teorizações villa-lobísticas, quando se propõem a sanear a incultura nacional senão que compõem junto à sua "dança do índio branco" um inusitado samba clássico do caboclo doido? "Olha o passado: heróis ardentes / saltam das tumbas, brilham quais sóis / Barroso, Anchieta, Tiradentes, / Caxias, Gusmão... Quantos heróis! / E nosso ardor, na paz, na guerra, / exalta a glória do meu Brasil!", canta Villa-Lobos em *Meu País*, "hino castrolópico" (como chamou-o Manuel Bandeira) publicado sob o pseudônimo de Zé Povo.[31]

Por mais que pretenda impor programaticamente uma ordem cultural afinada pela seriedade bombástica da exortação hínica, Villa-Lobos escorrega na casca de banana do campo minado onde o Estado busca legitimização na imagem do popular e o popular busca cidadania no reconhecimento oficial, num jogo de mimetismos carnavalescamente espelhados, onde ambos se engrupem mutuamente.

Assim, se o "samba da legitimidade" do Estado Novo toma foros algo orfeônicos e sinfônicos, conforme mostrou Antonio Pedro num trabalho ainda inédito,[32] Villa-Lobos cometeu por sua vez um "Samba Clássico", curioso exemplo de batucada cívica onde a ascensão patriótica, quando parece atingir o pináculo da sublimação, derrapa espetacularmente no carnaval: "Na grandeza infinda / É feliz quem vive / Nesta terra santa / que não elege raça, / nem prefere crença / Oh! Minha gente! Minha terra! / Meu país! Minha Pátria! / Para frente! A subir! A subir! A SAMBAR"(!)[33] (Como não se lembrar aí do senador de casaca de *Terra em transe*, que se inflama com seu discurso demagógico de bacharel-de-comício e cai no samba rasgado?)

A leitura que eu estou fazendo não é para que o suposto bom senso de algum ranço universitário se imagine estar acima desses exemplos "bizarros" de "populismo". Ela não serve à crítica costumeira de "posições" ideológicas, porque neste caso a vontade de potência transitando entre a música e a política dá um curto-circuito no fusível do crítico-da-cultura, se ele se dignar a perceber que o total das forças em jogo nessa cadeia de

---

[31] A letra completa do hino *Meu País* vem citada em conferência de Amarylio de Albuquerque, "Villa-Lobos visto pelo avesso", publicado em *Presença de Villa-Lobos*, 4º vol,, MEC/Museu Villa-Lobos, Rio, 1969, p. 46. Manuel Bandeira refere-se a este hino no mesmo texto referido à nota 29 (o hino foi executado no mesmo concerto em que se deu a primeira audição do *Choros* nº 10, em novembro de 1926).

[32] Antonio Pedro, *Samba da legitimidade* (mimeo.), tese de mestrado, São Paulo, USP, 1980.

[33] O "Samba Clássico" vem citado também por Amarylio de Albuquerque (ver nota anterior).

revolução, carnaval e autoritarismo ultrapassa em muito o alcance das categorias explicativas do seu discurso verbal.

A crítica do populismo (o tema desta pesquisa é um convite ao erro irrecusável) é a crítica do lugar imaginário do intelectual letrado burguês como explicador e regente do movimento social (e o efeito bumerangue dessa crítica do "objeto" sobre o sujeito). *Como regente*, ele só pode constatar hoje que se vê amplamente superado pelos movimentos sociais. *Como explicador* eu só posso explicar e me explicar, diz ele-eu, espécime fóssil (quando soterrado pelas camadas geológicas da história) mas mutante (quando percebe que o buraco-brasil é mais em cima, mais embaixo e mais em volta).

Atravessa o vício profissional da explicação (droga do intelectual: a carreira brilhante) decupadora, a vontade de síntese descentrada, raio da ideia detonadora.

A música de Villa-Lobos não se mede pelo bom senso. Eu acho que ela se mede melhor pela cena de *Terra em transe*. À mistura farsesca e altissonante de cruzada cívica e carnaval, que ele herdou e flagrou lancinantemente, Glauber Rocha acrescentou, segundo a emergência dos movimentos políticos da década de 60, o vértice da *revolução*, no caldeirão onde esses impulsos – revolucionário, carnavalesco e patriótico – revertem dramática e parodicamente um ao outro. Ou, nas palavras da *Tropicália*: "eu organizo o movimento, eu oriento o carnaval, eu inauguro o monumento no planalto central do país". Glauber reforçou o sopro profético revolucionário terceiromundista do seu cinema justamente com o fôlego sinfônico dos *Choros* e das *Bachianas*, isto é, daquele complexo político e cultural ambivalente com que Getúlio e Villa-Lobos, no seu modo nacionalista, autoritário-paternalista e desenvolvimentista, hábeis no manejo dos compromissos entre forças contrárias, identificados com a figura do pai da pátria que acende a chispa do Brasil moderno, roubaram a cena histórica. O que não quer dizer absolutamente que Glauber seja um herdeiro-repetidor *ideológico* dos parceiros do Estado Novo: ele é um captador da energia que circula entre os polos, Getúlio – Villa-Lobos, cruzando o campo da arte-política e seu sonho de potência num zigue--zague barroco que fez por levar à microfonia mais estridente as pulsões de direita-esquerda contidas no núcleo populista (e rebatidas, por exemplo, em Villa-Lobos e Mário de Andrade). Transando o poder da arte e da política, ele exacerba gritantemente a contradição do intelectual no ciclo nacional-populista, levando à máxima potência paradoxal a visão desencontrada do povo como *força revolucionária* e como *presa impotente-inconsciente* da apatia, da alienação, do atraso (subtexto recalcado de toda a apologética nacional-populista). De *Barravento* a *Idade da terra*.

Glauber junta os fios dos dois polos da corrente que passa por Getúlio – Villa-Lobos e reapresenta todo o monumento do nacional-populismo como alegoria: esplendor e ruína barroca, entre a história da salvação e o nada.

O político populista entoa seu discurso bacharelesco em meio aos passistas e à batucada, e cai no samba (o contexto é o do comício-manifestação-passeata-populista). Junto com esse samba-clássico-doido as massas (estudantes, operários, demagogos e escola de samba) começam a se deslocar e a câmera se aproxima do intelectual poeta-revolucionário e da militante colocados no *olho-do-ciclone* populista,[34] que se movem lentamente num contraponto com a massa, quando começam a soar impressionantemente os sons iniciais da *Fuga* das *Bachianas brasileiras*. Ali, entre a guerrilha e a festa, o carnaval político do ciclo populista, que a música de Villa-Lobos atravessa e potencia, recupera a sua dimensão subjacente, que é a dimensão trágica.[35]

---

[34] A metáfora do *olho-do-ciclone* aplicada à questão do *nacional-popular na cultura brasileira* é ideia de José Pasta Jr., desenvolvida em seminário de pesquisa na FUNARTE, Rio, 1980.
[35] Partes deste trabalho foram publicadas no artigo "Estado, arte e política em Villa-Lobos, Vargas e Glauber", *Folhetim* n° 283, São Paulo, 20.6.1982.

O ORFEÃO DO ESTADO NOVO/ ESSE COQUEIRO QUE DÁ COCO

A ação de Villa-Lobos, arregimentando, desde os inícios dos anos 30, corais de professores e alunos em contextos cívicos que vão ganhando um respaldo institucional progressivo, integrados à estrutura escolar como prática cotidiana de civismo e ao aparato comemorativo das grandes datas nacionais através de mobilizações de massa, muda o tom daqueles que falam de música erudita no Brasil na altura de 1940. A data redonda pareceu propícia por sinal à afirmação apologética dos feitos do Estado Novo, num tom eufórico que destaca a regeneração da música na vida social, e do papel orgânico de que o músico erudito se vê investido enquanto propagador da cultura (entendida, por sua vez, já frisamos, como elemento patriótico-disciplinador).

Dizia Luiz Heitor ao fazer o balanço crítico da década:

> "Em 1930 o termômetro de nossa cultura musical havia descido quase a zero. A estagnação era de alarmar. Ausência completa de iniciativa. *Ação corruptora de agentes poderosos, como a falsa 'música popular' e o seu temível aliado, o rádio, nessa época tão precariamente orientado, ainda, e em tumultuoso início de comercialização*". (O grifo é meu.)

Fator decisivo de transformação:

> "(...) Villa-Lobos, *primus inter pares*, passa a residir no Rio e inicia a sua famosa campanha em prol da cultura musical infantil e popular; desaparecem velhas instituições e surgem outras que modificam totalmente a cadência de nossa vida musical; o ensino

é modificado revolucionariamente; atingimos uma autonomia artística compatível com os votos mais optimistas".[1]

Tal exaltação só se torna possível graças à conjugação Villa-Lobos–Getúlio, duas figuras que tinham mais de um motivo para ressonância. Na crônica que se desentranha aqui e ali dos textos de Luiz Heitor, lemos que o Presidente da República atendera a "dramático apelo" do compositor, passando a apoiar "todas as suas iniciativas" pela altura de 1932. ("O que Getúlio Vargas apreciava no compositor era a inestancável energia, a febre do grandioso, do colossal, postas a serviço das cerimônias cívicas da República Nova, anterior a 1935, ou do Estado Novo, posterior a 1937".)[2] Num texto publicado pelo DIP (*A música nacionalista no Governo Getúlio Vargas*) é a própria voz de Villa-Lobos que realça a aliança da arte com o Estado:

> "Aproveitar o sortilégio da música como um fator de cultura e de civismo e integrá-la na própria vida e na consciência nacional – eis o milagre realizado em dez anos pelo governo do presidente Getúlio Vargas".

No livro, estas palavras de abertura vêm sob a insígnia do pentagrama inicial do Hino Nacional. Nele estão contidas as linhas gerais do casamento entre a arte e a política: dispondo do seu poder (o sortilégio do canto coral) para que ele seja encampado pelo Estado, a música estaria restaurando, segundo o compositor, a "sua verdadeira finalidade social" e o "seu objetivo educacional". Em outro lugar, ele mesmo diria:

> "O canto orfeônico aplicado nas escolas tem como principal finalidade colaborar com os educadores para obter a disciplina espontânea e voluntária dos alunos, despertando, ao mesmo tempo, na mocidade, um sadio interesse pelas artes em geral e pelos grandes artistas nacionais e estrangeiros".[3]

---

[1] Luiz Heitor, *Música e músicos do Brasil*, Rio, Casa do Estudante do Brasil, p. 80.
[2] Luiz Heitor, *150 anos de música no Brasil*, Rio, José Olympio, p. 269.
[3] A principal fonte, aqui citada, é o texto "Educação musical", de Villa-Lobos, relatório completo sobre o programa de implantação nacional do ensino de canto orfeônico nas escolas, publicado no *Boletim Latino-Americano de Música*, Ano VI, Tomo VI, 1ª parte, Rio, 1946. Salvo referência outra em nota, as citadas aqui usadas são desse texto.

Estribado segundo diretrizes federais num "tríplice aspecto" (disciplina, educação cívica e educação artística), o programa do canto orfeônico nas escolas é estético-pedagógico na sua proposta geral explícita, e político no modelo autoritário de que se faz instrumento semi-implícito (entremostrando-se num curioso escamoteio).

Em 1931 ocorre a primeira manifestação coral em São Paulo, sob os auspícios do interventor João Alberto, com um imponente conjunto de 12.000 vozes regidas por Villa-Lobos (Hino Nacional). O "certame de canto", pioneiro na América do Sul, é propagado "por meio de prospectos e folhetos exortativos, lançados por aviões e distribuídos largamente nas escolas, academias e em todos os centros de estudo e de trabalho da juventude", penetrando "em todas as camadas sociais", com "qualidade estritamente brasileira". Luiz Heitor: "O ineditismo da manifestação, a mobilização da massa infantil, interessando milhares de famílias e exigindo providências especiais de transporte, que se faziam notar e alteravam o tráfego normal da metrópole, tiveram o resultado que ele" (Villa-Lobos, comandando a massa e "envergando um casaco de cores berrantes") "visava: atrair para a música, para a importância de cantar, a atenção das multidões. Ninguém pôde deixar de tomar conhecimento dessa proeza; e o telégrafo levou a notícia a todo o Brasil".[4]

Em 32 instala-se no Distrito Federal um curso de Pedagogia da Música e Canto Orfeônico, que arregimenta "artistas de renome no cenário brasileiro" e professores da Escola Nacional da Universidade do Brasil para a formação de um Orfeão dos Professores, constituído de 250 figuras, que se tornará uma espécie de núcleo-piloto disseminador do programa de implantação do ensino do canto orfeônico nas escolas.

No livro de inscrição do Orfeão, Roquette Pinto escreveu, como presidente honorário:

> PROMETO DE CORAÇÃO SERVIR A ARTE, PARA QUE O BRASIL POSSA, NA DISCIPLINA, TRABALHAR CANTANDO.
> "Essa legenda admirável pode bem sintetizar o espírito com que é praticado o canto orfeônico no Brasil, e simboliza a disciplina e a força espiritual de que virão impregnadas as futuras gerações brasileiras",

comenta o compositor.

---

[4] Luiz Heitor, *150 anos de música no Brasil*, p. 268.

E, de fato, trata-se de uma sigla ideológica que fará carreira já na sua capacidade de condensar "o trinômio ufanismo-nacionalismo-trabalhismo"[5] inflado de música. Dez anos mais tarde, em 1942, na maré da música popular imbuída também do andamento cívico e empenhada em pregar a devoção ao trabalho e contra a malandragem, João de Barro e Alcir Pires Vermelho faziam o samba *Brasil, usina do mundo*:

> "Vibram sonoros clarins,
> de quebrada em quebrada,
> anunciando o raiar de uma
> nova alvorada,
> Dias de luz hão de ser
> sempre os teus,
> Brasil, usina do mundo,
> nova oficina de Deus.
>
> As águas moveram as rodas,
> descendo da serra,
> As forças lançaram fagulhas,
> vermelhas ao léu,
> Os rolos de fumo subiram
> do seio da terra,
> Toldando o sol, tingindo o céu.
>
> E junto às fornalhas gigantes,
> o malho empunhando,
> Homens de mãos calejadas
> *trabalham, cantando,*
> Ouve esta voz que o destino
> da pátria bendiz
> – É a voz do Brasil,
> que *trabalha cantando*, feliz.[6]

Zelava pelo Orfeão e pelo curso que formava os professores de canto uma Superintendência de Educação Musical e Artística, criada "com o fim de cultivar e desenvolver o estudo de música nas escolas primárias e nas de ensino secundário e profissional, assim como nos

---

[5] Segundo Antonio Pedro, *Samba da legitimidade*, tese de mestrado (mimeo.), São Paulo, USP, 1980.
[6] Citado por Antonio Pedro, *op. cit.*, p. 90.

demais departamentos da Municipalidade". O ensino de canto orfeônico tornava-se obrigatório por decreto.

Mais tarde, em 1942, cria-se o Conservatório Nacional de Canto Orfeônico, "robusta maturação desse movimento de cultura e civismo", que aspira então a um "caráter permanente". Os professores aí formados: "sentinelas avançadas e continuadoras desse movimento de autêntico nacionalismo musical".

Em 1933 o governo federal dirige um apelo aos interventores e diretores de instrução de todos os Estados para que se interessem pelo programa, "apresentando-se ao mesmo tempo uma exposição das necessidades e vantagens que poderiam advir para a unidade nacional, da prática coletiva do canto orfeônico, calcada numa orientação didática uniforme". A ideia foi bem recebida em vários Estados, que enviaram professores para os cursos especializados e pequenos estágios básicos no Rio de Janeiro.

Entre esses anos, Villa-Lobos está empenhado em criar uma metodologia de transmissão da prática coral, em formar um repertório adequado ao "caso nacional", em constituir "o corpo de educadores especializados" etc. Os cursos de professores sucedem-se ao longo da década de 30.

Para o programa do canto orfeônico o compositor escreveu os seis volumes do *Guia Prático*, que contêm: 1) canções infantis populares, 2) hinos nacionais e escolares, canções patrióticas e hinos estrangeiros, 3) canções escolares nacionais e estrangeiras, 4) temas ameríndios do Brasil e do resto da América, melodias afro-brasileiras e folclore universal, 5) peças do repertório universal, 6) repertório de música erudita.

Luiz Heitor: "Foi Villa-Lobos quem pôs em moda o canto coletivo, fundando o seu Orfeão de Professores, de maravilhosa eficiência técnica, e produzindo enorme série de composições, em que os efeitos obtidos com a voz humana atingem limites extremos que só a incomparável maestria desse homem de gênio poderia conceber".[7]

A constituição do orfeão de professores mais a implantação do canto coral nas escolas permite que, sistematicamente, se reúnam milhares de estudantes em manifestações cívicas ("demonstrações anuais de caráter cívico para comemorar as grandes datas da Pátria, como a da Bandeira, da Independência, do Panamericanismo etc."). "Pela imponência do espetáculo e pela repercussão que tiveram na alma popular", Villa-Lobos destaca, ao rememorar aquela frase: uma apresentação de 30.000 vozes em 1935, a

---

[7] Luiz Heitor, *Música e músicos do Brasil*, p. 382.

celebração da sua Missa de São Sebastião pelo Cardeal Leme, em 1936, e a apresentação de 40.000 vozes no estádio do Vasco da Gama, em 1940. Esses programas cívicos são permeados por outros, de cunho "cultural", quando se apresenta em primeira audição no Brasil a *Missa Papae Marcelli* de Palestrina, a *Missa Solemnis* de Beethoven, o grande concerto gratuito "dedicado às classes operárias", o Dia da Música em louvor de Santa Cecília (com 2.000 instrumentistas civis e militares, mais 10.000 vozes de conjuntos orfeônicos), o oratório Vidapura, do próprio Villa-Lobos.

Em 1942, temos no pátio do Colégio Militar um exemplo de colaboração entre o Canto Orfeônico e a Educação Física, quando alunos de várias escolas do Rio de Janeiro entoam um cânone a seis vozes "simultaneamente formando as letras da palavra BRASIL em evoluções marciais".

Outras decorrências da "ação socializadora" do programa: reuniões de confraternização de alunos de escolas municipais e federais, organização de concursos para avaliar o aproveitamento, questionários enviados às famílias dos alunos, "nos quais foram solicitadas as suas impressões sobre a influência do canto orfeônico nos hábitos e inclinações dos mesmos", com a finalidade de "estender ao próprio lar da criança o interesse pelo canto orfeônico, e apurar, de maneira sensível, as conveniências dele decorrentes".

Nas escolas formam-se orfeões de 70 alunos, desenvolvendo-se as aptidões dos alunos-regentes potenciais. Assinala-se o caso do regente precoce, de 10 anos, da Escola "José de Alencar", "possuidor de absoluta segurança rítmica, consciência do som e domínio sobre o conjunto": "a capacidade de organização e a energia desse menino tornam-se ainda mais notáveis atendendo-se ao fato de existirem, entre os alunos a ele subordinados, muitos de idade superior e sobre os quais mantinha, entretanto, controle e autoridade – conforme as observações feitas pelos orientadores desse serviço". Observações que indicam a concepção de que o vértice da pirâmide dos talentos consiste na capacidade de fazer-se obedecer, pirâmide construída, portanto, assim, para ser polarizada em seu conjunto pelo senso da ordem e da hierarquia, e atravessada pelo culto da autoridade.

> "Fatos como este vêm provar a prodigiosa intuição musical das crianças brasileiras, a par da facilidade de se submeterem a um rigoroso espírito de disciplina por meio da música. Essa constatação nos faz descortinar uma era promissora e nos deixa entrever as benéficas consequências educacionais decorrentes da implantação do canto coletivo nas escolas brasileiras."

Outras atividades: junção do canto com a dança ("gênero Diaghilev") (!) "para criar uma nova forma de bailados tipicamente brasileiros"; colônias de férias com hasteamento diário da Bandeira, em que "todos manifestavam sempre uma alegria enorme em cantar os hinos"; sistema de fichas individuais para avaliação do aproveitamento, seguindo os critérios de *afinação, ritmo, musicalidade, colaboração* e *civismo*.

Quando historia sua ligação com o projeto do canto orfeônico, Villa-Lobos coloca na origem uma visão da modernidade como anarquia e rebaixamento:

> "Percebemos que o mal-estar dos intelectuais e dos artistas não era apenas o fruto de um desequilíbrio político e social – mas que se originava, em grande parte, de uma crescente materialidade das multidões, desinteressadas de qualquer espécie de cultura e divorciadas da grande e verdadeira arte musical".

Em outro momento, assinala que "no atual panorama universal da música artística, vem se notando um vácuo inexplicável, de confusão e mal-entendidos entre os homens, desde a grande guerra (...)". Vai daí, afirmar que esses males, que também afetam a produção musical ("as composições são academicamente experimentais em vez de serem criadoramente robustas") têm uma "única causa": "Os nossos métodos de ensino". Em suma, o impacto da modernidade capitalista, a perda da aura da obra de arte ("Que fim terão a Alma Humana, os sonhadores, o mistério, o amor, a pátria, a arte e, finalmente, a Música?"), a emergência das massas convocadas para o consumo dos chamados meios-de-massa correspondem a uma falha pedagógica, a ser retificada pelo empenho conjunto do artista e do estadista. Assim é que, no governo de Getúlio Vargas, além de promover uma nova estrutura política, social e econômica, "os atos administrativos passaram a ser concebidos num plano de grande espiritualidade, analisando a gênese dos fenômenos sociais, para poder chegar às sínteses construtoras". Dando especial atenção à juventude, "começou a dedicar à infância e à adolescência todo o interesse que elas merecem, como alicerces da nacionalidade". "E um dos elementos de que o governo lançou mão para conseguir a sua finalidade, no sentido da unidade espiritual brasileira, foi a integração definitiva da cultura musical e do ensino do canto coletivo no plano educacional da Escola Renovada".

Em suma, comemora-se o fato de que, na medida em que o Estado tem um projeto político-social-econômico-cultural, apertando os elos entre os níveis, o artista tem um lugar, ele é de novo admitido na ordem social, deixando de ser um mero apêndice: a música deixaria de ser "um passatempo da moda entre os senhores feudais (hoje o é entre os burgueses) e o artista, com raras exceções, um galante e privilegiado escravo dos senhores porque escreve ou executa notas musicais". "(...) o artista não é nenhum palhaço que diverte gratuitamente o espectador, e sim um ente predestinado, extremamente útil à humanidade e que tem o direito de viver da subsistência do seu trabalho, independente de uma espécie de esmola que as 'elites snobs' supõem dar quando lhe frequentam".

Nesse quadro, a arte é concebida de maneira pragmática, "terapêutica", "dinamogênica", medicinal: o artista é um pesquisador de laboratório que tira conclusões a serem "aplicadas em pequenas 'doses' à mocidade brasileira", de modo a "trazer proveitosos resultados e as melhores esperanças para a formação de uma suave disciplina das nossas gerações futuras", através do veículo privilegiado do canto orfeônico. Por isso mesmo é que se pede "não confundir o (...) objetivo cívico-educacional (deste) com outras exibições de ordem puramente estética, que não visam senão o prazer imediato da arte desinteressada".[8]

É difícil ou insuficiente buscar o sentido dessa empreitada músico-pedagógica de reação à crise de valores da modernidade apenas através do enunciado desses textos de propaganda assinados por Villa-Lobos. Parece-me que eles exibem (e claramente) uma faceta, certamente a preponderante, do programa educacional sob Vargas: a pedagogia autoritária.

Há quem considere, no entanto, que a ação orfeônica de Villa-Lobos não deveria ser encarada pela faceta autoritária com que se apresenta nos numerosos relatórios e textos de propaganda do DIP getulista, mas como representante de uma orientação humanista tradicional que marcava presença nos primeiros anos do governo Vargas, através da ação de Anísio Teixeira na Diretoria de Instrução Municipal do Rio de Janeiro, e pelos estímulos modernizantes de Capanema, que engajou tantos dos intelectuais brasileiros no período. Foi através de Anísio Teixeira, justamente, que se criou a Superintendência de Educação Musical e Artística, a partir da qual Villa-Lobos passou a desenvolver o programa do canto orfeônico. Já enfatizei o caráter "platônico" desse movimento musical como tentativa de responder à emergência de uma cultura capitalista

---

[8] "Dinamogenia", "terapêutica musical" e arte "interessada" são termos aqui tomados de empréstimo pela pedagogia do DIP aos ensaios de Mário de Andrade.

industrial dissolvente da cultura letrada clássica (todavia quase inexistente no Brasil como instauradora de um padrão educacional abrangente), e daí a presença da música como elemento decisivo, nessa perspectiva, para uma estratégia de "elevação" da cultura, como elemento mediador entre o popular e o erudito. O encarecimento desse aspecto humanista tradicional faz com que alguns vejam na ação de Villa-Lobos um vigoroso trabalho de educação musical popular sem precedentes na nossa história, frente ao qual o aspecto propagandístico e cívico não mereceria maior importância, relegado ao plano de um mero expediente de circunstância externo à própria pedagogia, de interesse puramente tático para a obtenção de respaldo institucional indispensável à consecução de uma ação musical de tais proporções. Adhemar Nóbrega, por exemplo, desconhece nos textos do DIP a dicção villa-lobística (mais associativa e delirante do que escolasticamente articulada – a observação é minha), e praticamente considera que esses textos, mesmo que assinados pelo compositor, não deveriam ser creditados ideologicamente a Villa-Lobos.

Acho que a possível verdade contida nessas ponderações deveria levar não à cômoda distensão do problema na mera suspensão da "aparência", mas ao redobro de sua complicação.

Antes de mais nada seria preciso considerar a concepção pedagógica e a visão do popular explicitada em algumas falas de Villa-Lobos, em entrevista à imprensa. O compositor faz uma bem sintomática analogia entre a "mentalidade ingênua, espontânea e primária do povo", e a mentalidade infantil, igualmente ingênua e primitiva. Povo, criança e índio se equivalem no sentido de que precisariam ser catequizados pela "cultura" para se converterem, de massa inculta e desordenada, em povo adulto, ordeiro e civilizado.

Numa entrevista para o jornal *A Noite*, em 8.7.38, Villa-Lobos afirmava:

> "O maior homem da História do Brasil foi José de Anchieta, precursor da educação nacional. Ele foi o nosso primeiro instrumento de cultura, lidando com gerações bárbaras. Quem considerar o estado em que ainda permanece a educação popular no Brasil, pode compreender o vulto de sua obra e a importância de seus sacrifícios para assentar as bases de uma civilização. Anchieta não se limitou aos objetivos imediatos, procurando despertar os sentimentos artísticos dos índios, através da música e do teatro. Só uma visão genial apreenderia, de tão longe, o privilégio desses

processos de verdadeira cultura, realizando nas selvas a mais profunda dignificação do homem".

Na mesma reportagem que ostenta a declaração acima, se lê:

> "Villa-Lobos submete milhares de crianças em tumulto à sua mímica magistral, transportando-as, solidariamente, para os êxtases maravilhosos, para as abstrações transcendentes. O olhar imperioso domina as cabecinhas irrequietas, de repente rendidas à magia irresistível".[9]

Villa-Lobos tem obsessão pela catequese e pela figura de Anchieta, em quem, claramente, se projeta. A imagem da catequese figura uma relação com o povo, assim como a imagem das crianças rendidas ao canto orfeônico. Índio e criança são figuras de um projeto de conversão do povo ao culto da nação. Catequese, uso educativo do folclore, canto orfeônico, são aspectos de uma mesma representação.

A certa altura da sua exposição sobre *Educação Musical*, Villa-Lobos faz novamente uma abrupta aproximação entre a catequese e o canto orfeônico no Estado Novo. Vale a pena transcrever dois parágrafos:

> "Em verdade, a música no Brasil surgiu com o aborígene, pois os primeiros vestígios musicais de que há notícia são encontrados em todos os aspectos da vida tribal dos ameríndios. Eram, como se sabe, manifestações precárias de ordem estética, curtos desenhos rítmico-melódicos, entoados em uníssono para sublinhar os movimentos da dança ou acompanhar as cerimônias tribais, assim como também se pode afirmar que o canto coletivo surgiu com a catequese, quando os missionários começaram a ensinar aos índios os cantos religiosos, ministrando-lhes, também, o ensino musical nas escolas. Porque, como acontece com quase todos os povos primitivos, os nossos índios sofriam a fascinação da música e utilizavam-se dela nas suas cerimônias sociais e litúrgicas.
> Os cronistas do século XVI são unânimes em louvar a intuição e o gosto musical dos indígenas, ao ponto de pouparem a vida do seu inimigo, quando descobriram que este era um bom cantor. (...) De Jean de Léry, em 1530, até Roquette Pinto através de Spix e Martius e de Koch Grunberg, todos os cientistas que se embrenharam pelos sertões bravios do Brasil recolheram uma quantidade apreciável

---

[9] Recortes de Mário de Andrade, IEB-USP.

de melodias, provando a musicalidade dos indígenas. Como nos mistérios medievais, os autos religiosos dos padres Anchieta e Nóbrega eram representados pelos índios e pelos sacerdotes, de comum acordo, nos palcos que se elevavam junto às igrejas".

Se o primeiro parágrafo afirma a precariedade básica da música indígena, isto é, a sua insuficiência perante o parâmetro "estético", o segundo parágrafo, curiosamente, afirma ao contrário a riqueza e a variedade das manifestações musicais indígenas. É visível aí a oscilação característica da visão burguesa das culturas do povo, ora rebaixadas ora elevadas, rudimentares mas bem vocacionadas, toscas e primárias mas prodigiosas, erradas mas aptas para a grande viagem do progresso, levadas pela "admirável intuição" dos catequistas, "os precursores do aproveitamento da música como fator de disciplina coletiva". Essas duas visões, antitéticas e complementares, quase nunca se encontram juntas. Só mesmo a excepcional *confusão* dos escritos de Villa-Lobos é que poderia vir a apresentá-las assim, limpidamente conjugadas, em presença.

O canto coral alimenta-se, antes de mais nada, do folclore infantil: busca seu material naquilo que é familiar, isto é, "os brinquedos ritmados, as marchas, as cantigas de ninar ou as canções de roda". "O folclore é hoje considerado uma disciplina fundamental para a educação da infância e para a cultura de um povo. Porque nenhuma outra arte exerce sobre as camadas populares uma influência tão poderosa quanto a música – como também nenhuma outra arte extrai do povo maior soma de elementos de que necessita como matéria-prima".

Através do canto coral, se quer levar a população ao transe cívico, composto de êxtase e ascese, identificação fervorosa e introjeção da autoridade. A música tem de, ao mesmo tempo, desencadear forças afetivas, e represá-las; detoná-las e contê-las; liberá-las e dirigi-las. Em 1937, Villa-Lobos fazia constar num livro oficial sobre o programa de ensino de música nas escolas da Prefeitura da Capital Federal:

> "As festas e concentrações escolares, com exceção das imprescindíveis, dentro da orientação do programa de ensino de música traçado, e previstas de acordo com a organização de cada escola, *só poderão acarretar prejuízo, não somente quanto à aplicação normal do ensino de música, mas também a outras disciplinas*".

O projeto do canto orfeônico quer fazer com que o corpo social se exprima, desde que não faça valer seus direitos, mas que se submeta ao culto e às ordens de um chefe.

"O fascismo queria organizar as massas, sem mexer no regime de propriedade, permitindo às massas, não certamente valer seus direitos, mas exprimi-los. As massas têm o direito de exigir uma transformação do regime de propriedade; o fascismo quer permitir-lhes que se exprimam, porém conservando o regime. O resultado é que ele tende naturalmente a uma estetização da vida política" (Walter Benjamin).[10]

Aqui, menos do que aplicar a palavra-fetiche *fascismo*, interessa compreender a passagem que se faz na música de Villa-Lobos no momento em que ela busca ingenuamente (e inconscientemente, creio eu) fazer-se instrumento de uma *estetização da política*, sacrificando no altar da deusa Disciplina (meio através do qual, como já vimos, o músico pensa ganhar uma posição central na vida social). Para tanto, converte o mitopoético do campo de energias caótico-domadas em fator de legitimação do Estado através de um procedimento que lembra em tudo a concisa formulação de um crítico musical nazista, em 1938:

> "Não se compreende a vida musical da Alemanha contemporânea se não se a considera do ponto de vista surgido da reunião e da unificação dos três conceitos Povo, Estado e Arte, porque um Estado sem seu povo, um povo sem sua arte, são tão pouco concebíveis como uma arte que existisse por si só e não pudesse elevar-se até converter-se em expressão do pensamento popular. Porque o Estado que incorpora a vontade de um povo, suas emoções e seus interesses, não é por acaso um organismo cuja harmoniosa conjunção alcança a categoria de obra de arte?"[11]

Resgatar a aura perdida pela arte na sociedade de massas através do modelo da arte estatal, que por sua vez estetiza o Estado, é o vértice do fascismo, dizia Walter Benjamin no seu famoso ensaio, "A obra de arte na época de suas técnicas de reprodução".

Pois é isso mesmo que Villa-Lobos oferecia, já antes da revolução de 30: aproveitando o "sortilégio" do canto coral "como um fator de

---

[10] Walter Benjamin, "A obra de arte na época de suas técnicas de reprodução", *in Os pensadores*, volume XLVIII, Abril Cultural, 1975, p. 33.
[11] *Dossier música y política*, Barcelona, Editorial Anagrama, 1974, p. 53.

civismo e de cultura", fazer do Estado Nacional uma verdadeira obra de arte. Em troca, clamava por um governante capaz de dar função orgânica ao músico e de consumar aquela delicada operação que sua obra já realizava simbolicamente: despertar para o trabalho, vale dizer, para a acumulação, as poderosas energias ociosas do País, e ao mesmo tempo dominar o tumulto potencial nelas inscrito. Tarefa para um verdadeiro orquestrador da sociedade dividida: orquestração já magnificamente mapeada na partitura da série dos *Choros*, a ser arrematada socialmente pela prática generalizada do canto coral.

Nesse sentido o músico e o político se correspondem: para destrinchar a partitura política da nação o chefe teria que ser, a seu modo, um verdadeiro maestro, e o maestro, para conduzir a harmonia social regendo o conflito, teria de constituir-se num verdadeiro chefe (segue-se todo o culto da disciplina e da hierarquia que acompanha o programa do canto orfeônico, tomando como modelo a corporação coral rendida ao domínio do condutor, culto este insistentemente frisado a cada momento).

No entanto, a combinação desses dois batutas não sufoca a voz do samba urbano, que vem participar ativamente desse panorama. Durante o Estado Novo, o samba, que tradicionalmente sustentava a apologia da boêmia e do ócio malandro, dialoga ambiguamente com o poder, aquiescendo muitas vezes no elogio da ordem e do trabalho. Ganhando nessa época o tom eloquente do samba-exaltação, ele proclama o Brasil como usina do mundo, faiscante forja de aço do futuro, segundo um *ethos* heroico pouco comum em sua história. E é somente esse clima que torna passível de sentido essa pérola do pleonasmo e da tautologia, incrustada na apoteose de Ari Barroso: entendido como uma enorme oficina que "trabalha cantando feliz", *esse coqueiro que dá coco* é finalmente o Brasil.

Nem bem caiu a ditadura, no entanto, e em dezembro de 1945 saía o samba de Almeidinha, grande sucesso no carnaval do ano seguinte: "Eu trabalhei como um louco / Até fiz calo na mão / O meu patrão ficou rico / E eu pobre sem tostão / Foi por isso que agora / Eu mudei de opinião / Trabalhar, eu não, eu não / Trabalhar, eu não, eu não / Trabalhar, eu não, eu não".[12]

---

[12] Citado por Antonio Pedro, *op. cit.*, p. 101.

PASSEI A NOITE PROCURANDO TU

(o tema desta pesquisa é um convite...)

as aves que aqui gorgeiam não piam ali na primeira esquina / cada sabiá sabido subido no seu galho / de gaiola descendo o rio / canta canta canta brasil / e diz: / que que há com seu peru? / em cismar sozinho passei a noite procurando tu / minha ilha do exílio / minha terra é uma presilha / que liga o lado de cá do lado com o lado de lá do lá / do lado de lá / sou um trabalhador intelectual procurando o plug / e não permita o autor e as autoridades constituídas que desliguem a força / sem eu ter encontrado meu ligar no curto-circuito da alteridade de classes nem sem ter desfrutado os fervores que sais não encontro eu porcá
e assim tomado pelo diabo da representação contorcia-se malabarístico com um cobertor menor que o corpo onde ora descobria a cabeça ora descobria os pés a cabeça era um palco vazio (de povo e cheio de intelectuais) e os pés eram um palco cheio (de povo e vazio de intelectuais) ficava um risco no meio que podia ser visto da lua um mar vermelho fervendo um frevo um caldeirão industrial de açúcar carnaval

SOBRE OS AUTORES

Enio Squeff, jornalista, crítico de música e artista plástico, trabalhou nas maiores publicações do País, tendo sido crítico na "Folha de S.Paulo", onde atuou também como editorialista e em "O Estado de S.Paulo", onde foi também editor da página de arte. Como pintor e desenhista, já expôs na Alemanha, Colômbia, Cuba e em várias capitais brasileiras. Além de ensaios esparsos sobre música em publicações culturais do Brasil e do Exterior, escreveu, dentre outros, "A música na Revolução francesa" (LPM). Como artista plástico, Enio Squeff destacou-se sobretudo por seus trabalhos gráficos em livros e revistas brasileiros.

* * *

José Miguel Wisnik é ensaísta músico e professor de Literatura Brasileira na Universidade de São Paulo. Publicou *"O coro dos contrários – a música em torno da Semana de 22"* (Duas Cidades) e *"O som e o sentido – uma outra história das músicas"* (Companhia das Letras). Compôs música para cinema, dança e teatro, e lançou dois Cds com canções de sua autoria: "José Miguel Wisnik" (1993) e "São Paulo Rio" (2000).